大学生のための初等社会科概論

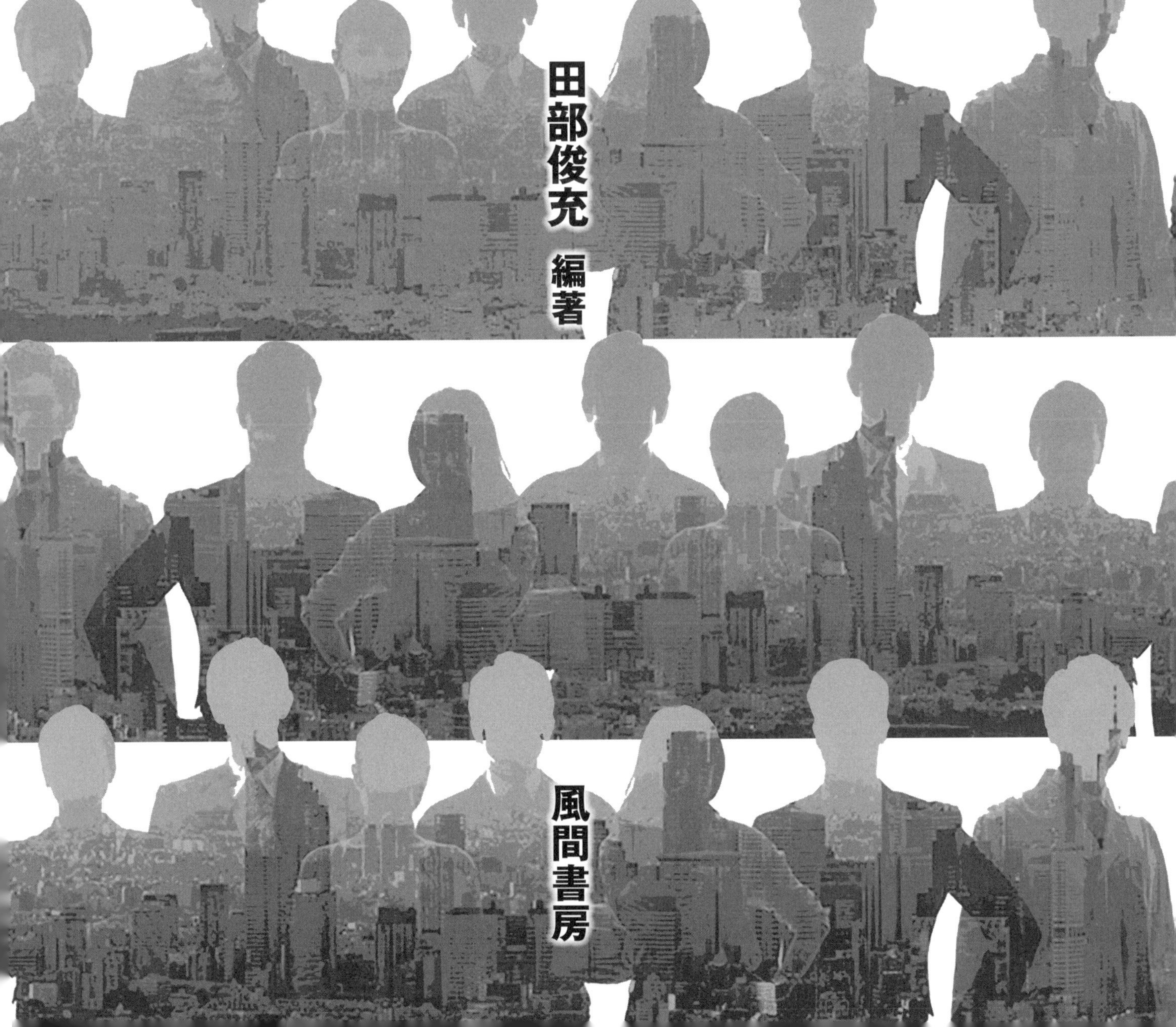

田部俊充 編著

風間書房

目 次

第1章 小学校社会科授業づくり入門

第１章

◆

小学校社会科授業づくり入門

第１節　はじめに
―新・小学校社会科学習指導要領の改訂のポイントと地図指導の重要性―

本書は小学校教員を目指すみなさん、もしくは小学校の現職の先生方が模擬授業づくりや教育実習で社会科授業を行うのに必要なテキストとして活用していただくために刊行した。

今までに初等社会科、中等社会科に対応した『大学生のための社会科授業実践ノート』（2009年7月）、『大学生のための社会科授業実践ノート　増補版』（2011年4月）、『大学生のための社会科授業実践ノート　増補版Ⅱ』（2016年3月）をいずれも風間書房から刊行し、改訂を重ねてきた。

本書は第１章「小学校社会科授業づくり入門」、第２章「実践編」、第３章「理論編」の３章構成となっている。

第１章「小学校社会科授業づくり入門」では、学習指導案の意義とその書き方、第３学年から第６学年までの模擬授業や教育実習における学習指導案作成のためのプロセスを示し、学生の作成した学習指導案例を紹介した。学年ごとに、「学習指導要領」、「単元」、「学習指導案」、「模擬授業」の内容を解説し、どのように学習指導案を作成し、模擬授業を実施していくか、具体的に示している。

第２章「実践編」では、フィールドワーク、地図の活用、新聞・ICTの活用など、小学校社会科授業開発に欠かせないものを掲載している。

第３章「理論編」では、小学校社会科授業を考えていく上で欠かせない、教育史的見地、情報教育、子どもの手描き地図、ESDの４つの理論的アプローチを示している。

今回、『初等社会科概論』として分冊での発行としたのは、中学校社会科、高等学校地理歴史科、高等学校公民科の部分の大幅な改訂が見込まれるからである。『中等社会科概論』の発行は次の改訂までの約10年は使えるテキストを目指したいので、新設必履修科目である「地理総合」「歴史総合」「公共」をはじめとする実践が試行され、今後の方向性を見定めた2022年3月31日の刊行の予定である。

1．新・小学校社会科学習指導要領と小学校社会科改訂のポイント

(1) 社会科の目標の見直し

2017（平成29）年3月告示の学習指導要領は、各教科等の目標が大きく見直され、社会科の目標も大きく変わった。『小学校学習指導要領（平成29年告示）解説　社会編』（平成29年7月）（以下『小社解説』）を参照し、まずは17ページを開いて空欄を埋めてみて欲しい。手元に『小社解説』がない場合は、以下の文部科学省のURLで参照することも出来る。ただし、ページはずれている場合もある。

https://www.mext.go.jp/component/a_menu/education/micro_detail/__icsFiles/afieldfile/2019/03/18/1387017_003.pdf（2020年8月閲覧）

①（　　　　　　）を働かせ、課題を追究したり解決したりする活動を通して、グローバル化する国際社会に主体的に生きる②（　　　　　　）国家及び社会の形成者に必要な③（　　　　　　）としての資質・能力の基礎を次のとおり育成することを目指す。

(1) 地域や我が国の国土の地理的環境、現代社会の仕組みや働き、地域や我が国の歴史や伝統と文化を通して社会生活について理解するとともに、様々な資料や調査活動を通して情報を適切に調べまとめる技能を身に付けるようにする。

(2) 社会的事象の特色や相互の関連、意味を多角的に考えたり、社会に見られる課題を把握して、その解決に向けて社会への関わり方を選択・判断したりする力、考えたことや④（　　　　　　）したことを適切に表現する力を養う。

(3) 社会的事象について、よりよい社会を考え⑤（　　　　　　）しようとする態度を養うとともに、多角的な思考や理解を通して、地域社会に対する誇りと愛情、地域社会の一員としての自覚、我が国の国土と歴史に対する愛情、我が国の将来を担う国民としての自覚、⑥（　　　　　　）と共に生きていくことの大切さについての自覚などを養う。

次に、指導計画の作成と内容の取扱いについて、『小社解説』135ページを開いて空欄を埋めて欲しい。

(2) 指導計画の作成と内容の取り扱い

(1) 単元など内容や時間のまとまりを見通して、その中で育む資質・能力の育成に向けて、児童の主体的・対話的で深い学びの実現を図るようにすること。その際、⑦（　　　　　）をもつこと、社会的事象の見方・考え方を働かせ，事象の特色や意味などを考え概念などに関する知識を獲得すること、学習の過程や成果を振り返り学んだことを活用することなど、学習の問題を追究・解決する活動の充実を図ること。

(2) 各学年の目標や内容を踏まえて、事例の取り上げ方を工夫して、内容の配列や授業時数の配分などに留意して効果的な年間指導計画を作成すること。

(3) 我が国の47 都道府県の名称と位置、世界の大陸と主な海洋の名称と位置については、学習内容と関連付けながら、その都度、⑧（　　　　）や⑨（　　　　）などを使って確認するなどして、小学校卒業までに身に付け活用できるように工夫して指導すること。

(4) 障害のある児童などについては、学習活動を行う場合に生じる困難さに応じた指導内容や指導方法の工夫を計画的、組織的に行うこと。

(5) 第１章総則の第１の２の（2）に示す道徳教育の目標に基づき、道徳科などとの関連を考慮しながら、第３章特別の教科道徳の第２に示す内容について、社会科の特質に応じて適切な指導をすること。

(3) 内容の取り扱いについての配慮事項

(1) 各学校においては、地域の実態を生かし、児童が興味・関心をもって学習に取り組めるようにするとともに、観察や見学、聞き取りなどの調査活動を含む具体的な⑩（　　　）を伴う学習やそれに基づく表現活動の一層の充実を図ること。また、社会的事象の特色や意味、社会に見られる課題などについて、多角的に考えたことや選択・判断したことを論理的に説明したり、立場や根拠を明確にして議論したりするなど言語活動に関わる学習を一層重視すること。

(2) 学校図書館や公共図書館、コンピュータなどを活用して、情報の収集やまとめなどを行うようにすること。また、全ての学年において、⑪（　　　　）を活用すること。

(3) 博物館や資料館などの施設の活用を図るとともに、身近な地域及び国土の遺跡や文化財などについての⑫（　　　　）を取り入れるようにすること。また、内容に関わる専門家や関係者、関係の諸機関との連携を図るようにすること。

(4) 児童の発達の段階を考慮し、社会的事象については、児童の考えが深まるよう様々な見解を提示するよう配慮し、多様な見解のある事柄、未確定な事柄を取り上げる場合には、有益適切な教材に基づいて指導するとともに、特定の事柄を強調し過ぎたり、一面的な見解を十分な配慮なく取り上げたりするなどの偏った取扱いにより、児童が多角的に考えたり、事実を客観的に捉え、⑬（　　　）に判断したりすることを妨げることのないよう留意すること。

２．地図指導の重要性

小学校社会科の柱の１つは地域素材の開発である。地域について教材開発をする際にはその技能が求められる。

まず『小社解説』pp.35-36をみると、第３学年社会科内容（１）の社会科のスタートの授業だが、以下のような地域に注目することが必要なことがわかる。これは地域を知ること、そして地域の防災教育にもつながるために、大変重視されているし、第３学年だけではなく他の学年や総合的な学習の時間の充実にもつながる。

都道府県内における市の位置に着目するとは、都道府県全体から見た自分たちの市や隣接する市などの位置や位置関係について調べることである。

市の①（　　　）に着目するとは、土地の低いところや高いところ、広々と開けた土地や山々に囲まれた土地、川の流れているところや海に面したところなどの地形の様子について調べることである。

土地利用に着目するとは、田や畑、森林の広がり、住宅や商店、工場の分布など、②（　　　）の広がりや分布について調べることである。

③（　　　）に着目するとは、主な道路や鉄道の名称や主な経路などについて調べることである。

市役所など主な公共施設の④（　　　）に着目するとは、人々が利用する主な公共施設の場所や施設としての働きについて調べることである。ここで取り上げる公共施設としては、市（区）役所や町（村）役場（以下市役所という。）をはじめ、学校、公園、公民館、コミュニティセンター、図書館、児童館、体育館、美術館、⑤（　　　）、⑥（　　　）、文化会館、消防署、警察署、交番、裁判所、検察庁、港など、多くの市民が利用したり、市民のために活動したりしている施設が考えられる。その際、多くの公共施設は市役所によって運営されていることや、災害時における避難場所は市役所において指定されていることに触れることが大切である。

古くから残る⑦（　　　）に着目するとは、身近な地域や市に古くから残る神社、寺院、伝統的な家屋などの建造物や、門前町、城下町、宿場町などの伝統的なまち並みの⑧（　　　）、いわれなどについて調べることである。

このようにして調べたことを手掛かりに、身近な地域や市の様子を捉えることができるようにする。

場所による違いを考え、表現することとは、例えば、駅や市役所の付近、工場や住宅の多いところ、田畑や森林が多いところ、伝統的なまち並みがあるところなど、場所ごとの様子を比較したり、主な道路と工場の⑨（　　　）、主な駅と商店の分布など土地利用の様子と、交通などの社会的な条件や土地の高低などの地形条件を関連付けたりして、市内の様子は場所によって違いがあることを考え、文章で記述したり、⑩（　　　）などにまとめたことを基に説明したりすることである。

実際の指導に当たっては、生活科での学習経験を生かし、小高い山や校舎の屋上など高いところから身近な地域の⑪（　　　）景観を展望したり、地理的に見て特徴のある場所や主な公共施設などを観察・調査したりする活動が考えられる。そうした活動からつなげて、地図や⑫（　　　）などを活用して、市全体の様子へ視野を広げるようにすることが大切である。

下線を引いたように学習指導要領の地図作業に関わるキーワードに注目すると、小学校段階のフィールドワークで何に着目するのかが具体的にわかる。

3．地理院地図による地域素材の開発（前半）

地形図読図は、地理学研究や地理教育において戦前から受け継がれてきた伝統的な地理的技能である。今後は読図も紙媒体に加えてデジタル媒体も視野に入れるようになる。

ここからは国土地理院地理院地図を検索し、日本女子大学目白キャンパス周辺を探す。地理院地図の操作はヘルプ画面に操作マニュアルが示されているので参照すること。

地理院地図（2020年8月31日閲覧）を起動すると、日本列島とその周辺となる。授業では目白キャンパスに小学校があるとして授業実践を考える。日本列島の画面から日本女子大学目白キャンパスにアクセスする。検索画面に日本女子大学と入力しても、ズームイン／ズームアウトを繰り返しても、緯度経度を入力しても、位置が特定できる（図1）。

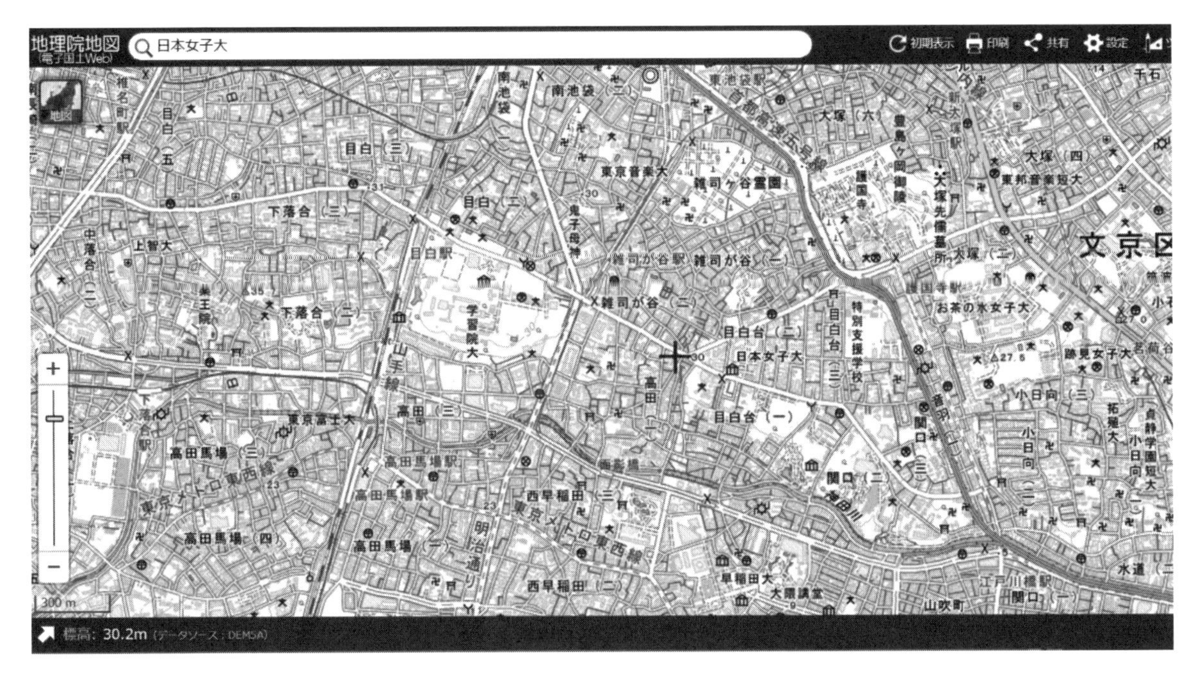

図１　地理院地図における日本女子大学目白キャンパス

第３学年社会科内容（１）に示されている区役所などおもな公共施設の名称と住所を以下の文京区役所の例のように５つ列挙する。住所の検索はGoogle map等を併用する。

> 文京区役所：〒112-0003 東京都文京区春日１丁目16-21
> 回答例
> 1. 目白台運動公園：〒112-0015 東京都文京区目白台１丁目20-2
> 2. 永青文庫：〒112-0015 東京都文京区目白台１丁目1-1
> 3. 大塚警察署：〒112-0013 東京都文京区音羽２丁目12-12番26号
> 4. 文京区目白台交流会館：〒112-0015 東京都文京区目白台３丁目18-7
> 5. 東京消防庁小石川消防署：〒112-0001 東京都文京区白山３丁目3-1

以上のように、２．で学習したことを活かして、適切な場所を示していた。今後学習を進める際にも適切な個所を探すことが出来る。

> 学生の感想
> ○地図作業をしている際に目白キャンパスの近くには博物館や資料館、お寺や公園など文化的な施設が多くある印象を受けた。授業では子供たちに区の特徴を捉えさせるためにどんな公共施設が多いかなどを見つけさせるのがいいのではないかと思う。他の区と比較しても興味深い。

４．地理院地図による地域素材の開発（後半）

ここでは地区の地形（標高）、土地条件図について扱う。参考文献として籠瀬良明・卜部勝彦(2017)：『大学テキスト 地図読解入門 追補版』, 古今書院、78p. をあげ以下のように示した。下線部は『大学テキスト 地図読解入門 追補版』から修正したものである。キーワードの部分は空欄にして学生に考察させた。

> ○標準地図　日本女子大学を検索します。地図の中心（中心十字線の交点）の標高が表示されます。地理院地図の「地図」ボタンをクリックするとコンテキストメニューが開き、標高・土地の凹凸が示されます。「色別標高図」レイヤー（層 layer）を選択すると地形の起状表現に接することができます。

○地形分類：土地条件図を参照する。「地図」ボタンをクリックし、「土地の成り立ち・土地利用」「土地条件図」「数値地図 25000」をクリックすると「土地条件図」により「台地・段丘」「低地の微高地」などをみることができます。i マークの「凡例」をクリックすると色によりどのような土地に分類されているかわかります。

図２　数値地図 25000（土地条件）で作成した日本女子大学周辺

数値地図 25000（土地条件）

地理院地図 表示用凡例

配色	分類項目		説明
	山地斜面等		山地・丘陵または台地の縁などの傾斜地。
	変形地	崖	自然にできた切り立った斜面。
		地すべり（滑落崖）	地すべりの頭部にできた崖。
		地すべり（移動体）	山体の一部が土塊として下方に滑動してできた地形。
	台地・段丘	更新世段丘	約１万年前より古い時代に形成された台地や段丘。
		完新世段丘	約１万年前から現在にかけて形成された台地や段丘。
		台地・段丘	時代区分が明瞭でない台地や段丘。
	山麓堆積地形		斜面の下方、山麓の谷底または谷の出口等に堆積した、岩屑または風化土等の堆積地形。崩壊や土石流の被害を受けやすい。
	低地の微高地	扇状地	河川が山地から平地に出た地点に砂礫が堆積してできた地形。
		自然堤防	洪水時に運ばれた砂等が、流路沿いに堆積してできた微高地。
		砂州・砂堆・砂丘	砂州・砂堆は、現在及び過去の海岸、湖岸付近にあって波浪、沿岸流によってできた砂礫からなる微高地。砂丘は、風によって運ばれた砂からなる小高い丘。
		天井川・天井川沿いの微高地	河床が周囲の低地よりも高い河川と、その周辺の微高地。
	凹地・浅い谷		台地・段丘や扇状地などの表面に形成された浅い流路跡や侵食谷。豪雨時に地表水が集中しやすい。
	低地の一般面	谷底平野・氾濫平野	河川の氾濫により形成された低平な土地。
		海岸平野・三角州	海水面の低下によって海底が陸化した平坦地や、河口部にあって砂や粘土等が堆積してできた平坦地。
		後背低地	河川の堆積作用が比較的及ばない低湿地。水はけが悪い。
		旧河道	低地の中で周囲より低い帯状の凹地で、過去の河川流路の跡。
	頻水地形	高水敷・低水敷・浜	増水時に水没する河川敷や、高波で冠水する沿岸地。
		湿地	地下水位が著しく浅く、水はけが極めて悪い土地。
	水部	河川・水涯線及び水面	海・河川・湖沼など、現在の水面。
		旧水部	過去に海や湖沼だったところを埋め立てによって陸化した部分。
	人工地形	農耕平坦化地	山地などを切り開いた農耕地。
		切土地	山地などの造成地のうち、切取りによる平坦地や傾斜地。
		高い盛土地	約2m以上盛土した人工造成地。主に海や谷を埋めた部分。
		盛土地・埋立地	低地に土を盛って造成した平坦地や、水部を埋めた平坦地。
		干拓地	干潟や内陸水面を人工的に排水し、陸地となった平坦地。
		改変工事中の区域	図面作成時に、人工的な改変工事が行われていた区域。

図３　数値地図 25000（土地条件）の表示用凡例

日本女子大学目白キャンパス内はほとんど①（　　　　　　　）、早稲田大学周辺はほとんどが②（　　　　　　）に分類されていることがわかります。日本女子大学目白キャンパスの標高データは③（　　　　）m、早稲田大学の標高データは④（　　　　）m、母校（　　　　　　）小学校の標高データは（　　　　）m である。

課題①　地形分類：土地条件図を参照しながら（　　　　　　）に適切な言葉を入れなさい。（回答例）
①更新世段丘 ②盛土地・埋め立て地（低地に土を盛って造成した平坦地や水部を埋めた平坦地）③ 29.0m　④ 8.0m

課題②　母校（もしくは一番関連の深い小学校）の正式名称、標高データ、地形について何に分類されるか記述しなさい。（回答例）
母校：○○市立 A 小学校　人工地形に分類されており、高い盛土地と切土地によって分類されている。

課題③　地区の地形（標高）、土地条件図について、目白地区と母校地区を比較してコメントを書きなさい。（回答例）

地区の地形について

色別標高図（図２）を見ると、目白地区と母校地区は標高が大きく異なっていることが一目瞭然であった。目白地区は日本女子大学の目白キャンパス付近が 28m ほどの標高にあり、少し南にずれた早稲田地区は 7 ～ 10m と標高がかなり低くなっている。その一方で、母校地区は母校が標高（　　）m のところにあり、周辺も大体は低くて（　　）m、南西に少しずれたところにある標高の高い部分は高いところは（　　）m ～（　　）m の高さである。このように、標高に大きな差が見られる。

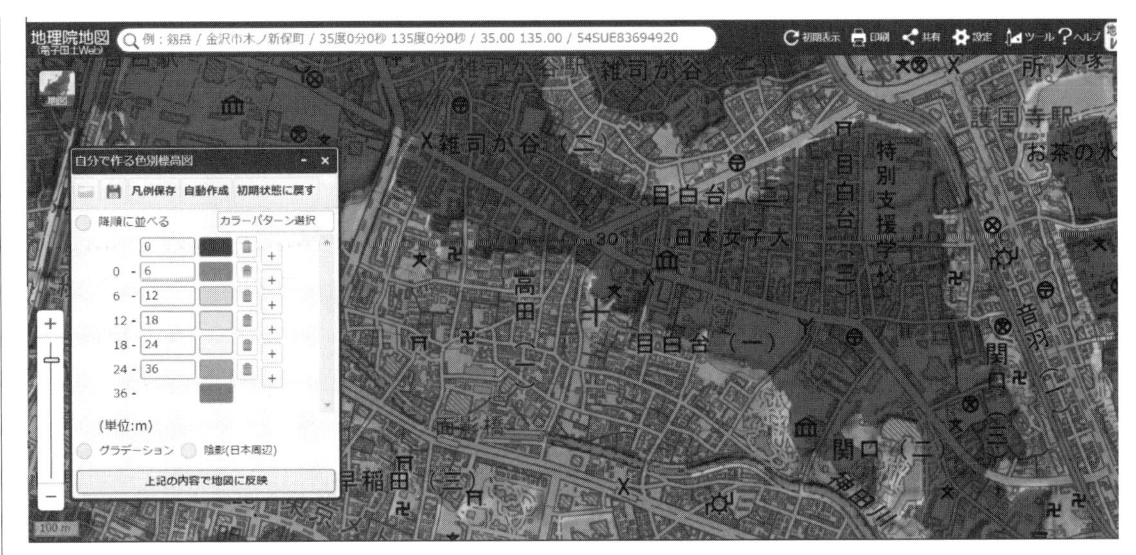

図４　「自分で作る色別標高図」で作成した目白キャンパス周辺の標高図

土地条件図について

目白地区と母校地区の最大の違いは、台地・段丘の有無にあることが分かった。目白地区は台地・段丘が地区のおよそ半分の面積を占めており、台地・段丘の中でも約１万年前より古い時代に形成された更新世段丘が広がる。しかし、母校地区では台地・段丘はほんの一部分にしかなく、さらにその地形は完新世に形成されたものである。

この学生は目白地区と母校地区の土地条件に関しては、類似点が多いことにも気がついている。両地区ともに人工地形が大半を占めている点である。

完新世や更新世段丘についても調べて、母校地区が人口造成地であることも導き出している。また、ゼロメートル地帯に母校があることをはじめて知った学生は、防災教育の必要性を指摘していた。

解答

1．①社会的な見方・考え方　②平和で民主的な　③公民　④選択・判断　⑤主体的に問題解決　⑥世界の国々の人々　⑦問題解決への見通し　⑧地図帳　⑨地球儀　⑩体験　⑪地図帳　⑫調査活動　⑬公正

2．①地形　②土地利用　③交通の広がり　④場所と働き　⑤博物館　⑥資料館　⑦建造物の分布　⑧位置や広がり　⑨分布　⑩白地図　⑪景観　⑫写真

（田部　俊充）

第２節　学習指導案活用の意義とその書き方

ここでは、小学校社会科の授業を構想し実践するための方法として、学習指導案活用の意義とその書き方について取り上げて、解説する。

１．学習指導案の定義と役割

最初に、学習指導案活用の意義について説明する。

(1) 学習指導案の定義

実際に授業を行なう場合には、学習指導案が必要となる。学習指導案は一般に教案とも呼ばれ、**「指導者の授業に対する意図・計画を明らかにし、学習者の学び方のプロセスを設計したもの」**（森分孝治・片上宗二編『社会科重要用語300の基礎知識』明治図書、132頁）と定義されている。

(2) 学習指導案の役割

なぜ教師は学習指導案を書くのか。なぜ教職を目指す学生は学習指導案を書く技術を習得しなければならないのか。この問いに対する解答として、波巌先生の言葉を紹介しよう。

波先生は筑波大学附属小学校に勤務され、社会科の授業づくりをリードされてきた社会科教育の達人である。先生は、毎年、各地の研究会に招かれ、教師の学習指導案を数多くご覧になってきた。その数は年間に1000枚（件）を下らないという。この体験を通じて、先生は一つの結論に達している。それは「きちっとした学習指導案を書ける教師は、ほぼ間違いなくいい授業ができる」ということであった。学習指導案について書かれた波先生の文章（資料１）を以下に引用するので読んで欲しい。ここから学習指導案活用の意義を見つけることができよう。

資料１

（授業を－筆者挿入－）航海に喩えてみるとわかりやすい。航海とは、授業実践である。航海に絶対不可欠なものが羅針盤と海図である。航海術が上手な航海士は、目の前の岩礁を上手に避け、巧みに海流を乗り切ることができるであろう。しかし、羅針盤と海図がなければ船はどこにいくかわからない。漂流の可能性さえ出てくる。授業に即して言うと、羅針盤や海図の役割を果たすのが学習指導案である。たとえ、授業技術の巧みな教師がいたとしても、きちんとした学習指導案を持っていなければ、単元をとおしてよい授業を行い、目標に向かって進んでいくことはできないということと同じである。結局、授業は目標を見失い這い回る。

波巌（2010）『小学校社会科　よりよい学習指導案からよりよい授業実践へ―社会に参画する授業づくりの実践技術と理論―』東洋館出版社　pp. 2‐3。

波先生が海図と羅針盤にたとえられた学習指導案には、二つの役割がある。では、その役割について説明しよう。

・シナリオとしての役割

授業における学習指導案は、劇やドラマなどの**シナリオ（台本）**と同じ役割をもつ。学習指導案は、**教師が授業を実施するための計画書**として作成され、単元の流れや位置付け、学習場面設定の課題、発問、説明や教材・教具などがそこに記載される。授業は、それに従って実施されることになる。そのため、学習指導案は、授業を構想し実践していく上での授業者にとっての不可欠なナビゲーターである。

・カルテとしての役割

学習指導案は、医師が患者の病状や治療の状況を記したカルテ**（診療記録）**と同じ役割をもつ。授業を終えた後、**教師が授業を反省したり他の教師が追試したりする際の評価資料**として用いられる。そのため、近年では、教科研究会や校内研修会において授業研究の資料として活用されている。

2．学習指導案の種類と条件

インターネットの検索サイトで学習指導案と入力して検索すれば、数百万件の項目がヒットする。それほど、学習指導案という言葉はインターネット上にあふれている。実際、筆者が検索サイト、Google で学習指導案という言葉を入力して検索したところ、たちまちのうちに 3,840,000 件の項目が列挙された（2020 年 7 月 18 日確認）。学習指導案という言葉ほどネット上にあふれている教育用語はないといえる。

インターネット上の学習指導案の形式や内容を見て気づいてほしいことがある。それは、どの学習指導案もその形式や書き方は似通っているが、同一のものはほとんど存在しないということである。学習指導案は、学校種（小学校、中学校、高等学校）や教科・科目によって、形式や書き方が微妙に異なっているのが一般的である。また、同じことが大学の授業で教わった学習指導案と教育実習校のそれとの関係においても当てはまる。そのため、教育実習先での学習指導案の形式が大学で教えられたものと異なり戸惑ったという学生の声をよく耳にする。

学習指導案には、全国共通のフォーマットは存在していない。しかし、学習指導案はその役割（「カルテとしての役割」を参照）上、他の人が見ても授業の再現や追試ができなければならない。そのため、学習指導案は一定の条件に基づいて書く必要がある。また、学習指導案を書くということは、そのことをきちんと理解していることが前提となる。その条件をきちんと理解していれば、異なる形式や書き方の学習指導案に対しても、戸惑うことはなくなるだろう。では、学習指導案とはどのようなものか。その種類や必須とする条件について、以下に整理してみたい。

(1) 学習指導案の種類

授業は一年間に及ぶ長丁場である。そのため、教師は年間レベル、単元（一般には、小単元を指す）レベル、一時間レベルの、三種類の学習指導案を書いている。

表１　三種類の学習指導案

年間レベルの学習指導案	**年間計画表** 教科・科目の年間学習計画を立案したもの。担当教員は年度当初（四月）に作成して学校に提出する。学期末・学年末に実施時間を記載する。教育実習レベルでは作成は求められない。
単元レベルの学習指導案	**単元計画表** 一般には小単元（数時間から十数時間の教育内容のまとまり）を実施するために作成したもの。教科教育法の受講生や教育実習生は作成できるようにしておく必要がある。
一時間レベルの学習指導案	**授業計画表** 一時間の授業を実施するために作成したもので、時案とも呼ばれる。学習指導案といった場合には、一般にはこの種類のものをいう。教科教育法の受講生や教育実習生は、必ず作成できるようにしておく必要がある。

これらの学習指導案のうち、教科教育法の受講生や教育実習生がきちんと書けるように学習しておく必要があるものは、単元レベルと一時間レベルの学習指導案である。年間レベルのものについては、教職に就いてから学ぶのでもよいであろう。

学校現場では、単元計画表と授業計画表の二つについては、詳しさの度合いや用途に応じて様々な形式が存在している。波先生は、その著書（『小学校社会科　よりよい学習指導案からよりよい授業実践へ―社会に参画する授業づくりの実践技術と理論―』）の中で**「正案」「略案」「腹案」「細案」**の四つの学習指導案があることを紹介し、教師はこれらの学習指導案をその用途に応じて書き分けているといっている。

この四つの学習指導案のうち「正案」と「略案」は、学校現場でよく活用されている。「正案」とは基本となる学習指導案のことであり、一般に学習指導案といえば「正案」のことを指す。それに対して、「略案」とは「正案」の内容を簡略にしたものであり、どの内容（項目）を残すかについては個々の教師の授業づくりの方針によって決められる。「略案」が「正案」に比べてどの程度簡略化されているかという程度については、教師によって千差万別である。教師は日々の校務に追われていることもあり、普段の授業では「正案」ではなく「略案」を用いる場合が多い。しかし、正規の学習指導案である「正案」がきちんと書けるようにしておくならば、「略案」を書くことはそれほど難しいことではない。

それに対して、「腹案」と「細案」は大学生にはあまり馴染みのない学習指導案である。まず「腹案」とは隠れた学習指導案を意味しており、教師が実際の授業を行うときに用意しておく虎の巻的な学習指導案である。これは他人に見せる（公開する）ことを目的としたものでないため、個々の教師が使用の目的や用途に応じて工夫して書いており、定まった形式は存在していない。一般には、板書計画や座席表指導案などの形でつくられる場合が多い。次に、「細案」とは授業の展開を具体的にシミュレーションしたものであり、これも定まった形式は存在していない。教師の発問・指示とそれらに対して予想される児童の回答や反応がＴ－Ｃ（Ｔ：教師、Ｃ：児童）形式で書かれる場合が多い。この二つは、授業シナリオとしての役割に特化した学習指導案といえる。そのため、教職に就き多くの授業を体験していく中で自分に合った形式や内容のものを見つけていっても遅くはないであろう。

(2) 学習指導案の条件

これまで紹介した学習指導案の中で大学生が書けるようにしておくものは「正案」といわれるタイプのものである。ここでは、単元計画表（単元レベル）と授業計画表（１時間レベル）の学習指導案が一体化した形式を取り上げて、解説する。筆者は、「正案」タイプの学習指導案には以下の条件（表２「学習指導案の 10 項目の条件」を参照）を備えておく必要があると考える。

表２　学習指導案の 10 項目の条件

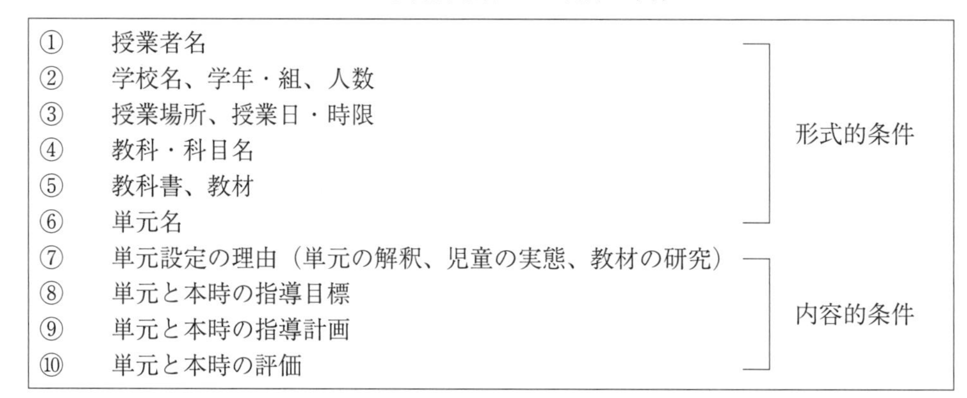

①	授業者名	形式的条件
②	学校名、学年・組、人数	
③	授業場所、授業日・時限	
④	教科・科目名	
⑤	教科書、教材	
⑥	単元名	
⑦	単元設定の理由（単元の解釈、児童の実態、教材の研究）	内容的条件
⑧	単元と本時の指導目標	
⑨	単元と本時の指導計画	
⑩	単元と本時の評価	

(3) 学習指導案を書く上での留意点

学習指導案を書く際、10 項目の条件（表２「学習指導案の 10 項目の条件」を参照）のうち、①から⑥までの項目は形式的条件なので、説明がなくとも容易に書くことができる。しかし、⑦から⑩までの４項目は内容的条件であり、それぞれの項目の意味をきちんと理解しておく必要がある。そのため、この４項目についてはそれぞれの項目の意味とその項目を書く際のコツを説明しよう。

⑦単元設定の理由（単元の解釈、児童の実態、教材の研究）について

単元設定の理由は、授業の土台作りに関わる項目である。ここでいう単元とは、小単元を意味する。小単元とは数時間から十数時間からなる内容上のまとまりのことであり、教科書での「節」がこれに該当する。ここでは、単元の解釈、児童の実態、教材の研究の三点からアプローチする必要がある。では、それぞれの点について説明する。

単元の解釈は、小単元のおおよその流れの説明を行う部分である。単元構成の位置付けやねらいについて記述する必要がある。一般には「基準」として示された目標のことであり、学習指導要領や学習指導要領解説の該当部分の記述を参考にして書くことになる。

児童の実態は、単元に対する児童の興味・関心や既習の知識や経験を記す部分である。また、学

習を通じて育てたい児童像についても書いてよい。授業を構成する主要な構成員は、教師と児童の二者である。単元を設定する際には、単元や教材の理解だけでは不十分である。児童の実態把握も重要な要素である。そのため、教育実習時にこの部分を書く際には、授業見学や指導教員との打ち合わせを通じて児童の実態把握に努めておくことが大切である。また、単元に入る前に児童の興味・関心や既習知識の状況をアンケートで調べること（診断的評価）も大切な準備である。教科教育法の受講生の場合は、実際のクラスを体験していないので、学校でのボランティア体験や自分の小学校時代を思い出して創作することになろう。

教材の研究は、教科書・教材の意義、指導のねらいについての説明部分である。そのため、教科書や教材を専門書や概説書、指導書を用いて分析し、その成果を整理して記述することになる。ここでは、教科書や教材の活用を通じて児童に身に付けさせたい力を具体的に書くことが求められる。

⑧単元と本時の指導目標について

単元と本時の指導目標は、教科の目標に挙げられた「知識及び技能」「思考力、判断力、表現力」「学びに向かう力、人間性」の育成に関わるものから構成される。そのため、学習指導案の単元と本時の指導目標は、「知識・技能」「思考力・判断力・表現力」「学びに向かう力・人間性」の、三つの資質・能力を見通して設定する必要がある。単元と本時の指導目標で設定する内容（表３内の＜・・・＞の部分）は、実際の授業を念頭に児童の実態や問題関心、育てたい児童像（前述の「⑦単元設定の理由（単元の解釈、児童の実態、教材の研究）」を参照）を踏まえて具体的に記述することが大切である。

次に、単元と本時の指導目標の書き方について説明する。単元と本時の指導目標の書き方としては、「知識・技能」「思考力・判断力・表現力」「学びに向かう力・人間性」の三つの資質・能力がすべて書き込まれる必要がある。文章の文末表現としては、授業者（教師）の立場から記述する方法（授業者を主語として使役形［させる］で表現）と、児童の立場から記述する方法（児童を主語として可能形［できる］で表現）の、二つの方法がある（主語は省略する）。今日では、児童を主語として可能形で表現する方法が一般的である。そのため、本節でもそれにならう。

表３　単元・本時の指導目標の書き方

①　＜・・・・・・・・＞することができる（知識・技能）
②　＜・・・・・・・・＞することができる（思考力・判断力・表現力）
③　＜・・・・・・・・＞しようとしている（学びに向かう力・人間性）

備考＊＜・・・・・・・＞の部分は、具体的に設定した単元と本時の指導目標の内容が入る。
＊「学びに向かう力・人間性」についての文末表現は学習者（児童）の態度に関わる項目なので、学習の過程を含めた目標となる。そのため、「できる」ではなく「しようとしている」という表現をとる。

⑨単元と本時の指導計画について

単元と本時の指導計画とは、単元の目標を達成するために、授業において何をどのように学習（指導）するかの指導計画を立案することである。そのため、これは単元計画表（単元レベル）と授業計画表（一時間レベル［本時］）のそれぞれについて立案することが必要である。一般には、表（マトリクス）の形で示され、縦軸に時間の経過、横軸に学習の内容や活動、指導の留意事項、評価規準などの内容が入る。

縦軸を作成する際には、単元計画表と授業計画表の双方とも、**導入、展開、整理**の三段階を踏まえて計画を立案することが求められる。小学校の学習指導案では、導入、展開、整理ではなく、**つかむ、調べる、まとめる**を用いる場合が多い（資料２「つかむ、調べる、まとめるの意味」を参照）。

資料２　つかむ、調べる、まとめるの意味

導入、展開、整理ではなく、つかむ、調べる、まとめるという表現を用いることもある。この表現は、社会科の問題解決的な学習の指導を踏まえて提案されたものである。東京都教育委

員会発行の冊子（東京都教職員研修センター（2014）『東京都教師養成塾　授業づくりを考える』p. 7）では、つかむは「問題把握」、調べるは「問題追究」、まとめるは「問題解決・まとめ」のことであるといっている。これらの言葉は、概ね、導入、展開、整理に対応するものである。

次に、授業計画表における導入、展開、整理の段階のおおよその配当時間について例示する。導入の段階では、本時の学習課題を児童に示すことになる。この段階は教師がもっとも工夫を凝らすところである。この段階で児童の興味・関心をつかみ授業に引き込むことに成功するならば、その後の授業はスムーズに進行する。45分の授業であるならば、ここでの配当時間は概ね5分から10分程度が適当である。

展開の段階は、本時の中核を構成するところであり、学習内容をいくつかの項目に分け、それぞれの項目を適切に配列して記載することが求められる。本時で取り上げるべき学習内容の量は児童の興味・関心や実態にあわせて検討し、過度にならないように配慮することが必要となる。ここでの配当時間は概ね30分から35分程度が適当である。

整理の段階は本時のまとめを行うところであり、本時に学習した内容をコンパクトにまとめたり、次回の学習内容の予告を行ったりする。ここでの配当時間は概ね5分程度が適当である。

横軸を作成する際には、児童の学習や活動、授業者の指導上の留意点、評価規準に基づく評価の内容と方法を記載する。評価規準に基づく評価の内容と方法では、**一単位時間**（小学校では45分）に**行う評価の個数は一つないし二つ程度とする**。それを越えての評価は、評価規準に対応した児童の活動や評価資料の収集が難しく、適切な評価を実施することは困難である。

⑩評価について

評価は、**観点別学習状況の評価（観点別評価）**の形で実施される。そこでは、単元と本時の指導目標（前述の「⑧単元と本時の指導目標について」）を踏まえ、「（社会的事象への）知識・技能」「（社会的な）思考・判断・表現」「主体的に学習に取り組む態度」の三観点ごとの**評価規準**を設定する。評価規準は、授業での児童の具体的な活動をイメージして書くことが重要である。今日の学習指導においては、単元と本時の指導目標の内容と評価規準のそれとは一体的にとらえる必要がある**（指導と評価の一体化の原則）**。そのため、評価規準の内容は単元と本時の指導目標の内容を踏まえて設定することになる。観点別評価の三観点（「（社会的事象への）知識・技能」「（社会的な）思考・判断・表現」「主体的に学習に取り組む態度」）は、単元と本時の指導目標として立てられた「知識・技能」「思考力・判断力・表現力」「学びに向かう力・人間性」のそれぞれに対応した内容を書く。しかし、単元と本時の指導目標での「人間性」については、教科（「特別の教科　道徳」を除く）での観点別評価としては示しきれない内容である。そのため、評価規準においては、指導目標として挙げた「学びに向かう力・人間性」の内の「学びに向かう力」を取り上げ、「主体的に学習に取り組む態度」としての評価を行うことにする。

表4　評価規準の書き方

ア．知識・技能	イ．思考力・判断力・表現力	ウ．主体的に学習に取り組む態度
ア－①　＜・・・＞について理解している。 ア－②　＜・・・＞の技能を身に付けている。	イ－①　＜・・・＞について考察したことを表現している。 イ－②　＜・・・＞について判断したことを表現している。	ウ　＜・・・＞について意欲的に調べようとしている。

備考　＊＜・・・・＞の部分は、具体的に立てた評価規準の内容が入る。文章末（下線部）の表記に注意する。

3．学習指導案（「正案」）の参考例

学習指導案のひな型を以下に示して､作成方法を具体的に解説する。ここで示す学習指導案（「正案」）は、単元計画表と授業計画表が一体となった形式である。

第３学年社会科学習指導案

日　時：0000 年０月 00 日（月）第０校時
場　所：○○小学校　０年０組
児童数：30 名（男子 15 名、女子 15 名）
授業者：○○○○　　印

押印を忘れずに

小単元のこと

1 **教科書**　新しい社会３年（○○出版社）
2 **単元**　店ではたらく人
3 **単元の指導目標**

私たちの住む地域には、販売に携わる仕事があり、私たちの生活を支えていることや仕事の特色、工夫について理解することができるとともに、見学・調査をしたり資料を活用したりしながら私たちの生活とのつながりについて考えたことを表現することができ、自分たちの生活する地域社会に対する関心をもち、地域社会の一員としての自覚をもとうとしている。

実際の授業を念頭に、知識・技能、思考・判断・表現、学びに向かう力・人間性を意識して書く。

指導目標と評価規準の内容部分は一致する。

学びに向かう力のみを評価する。

4 **小単元の評価規準**

ア．知識・技能	イ．思考力・判断力・表現力	ウ．主体的に学習に取り組む態度
ア－①　店の仕事と私たちの生活が密接に関連していることを理解している。 **ア－②**　店の行っている工夫や努力を理解している。 **ア－③**　店の観察や見学、インタビューを通して、調べたことをパンフレットにまとめている。	**イ－①**　店に携わる人が客を集めるためにどのような工夫をしているかについて考え、そのことを表現している。 **イ－②**　店の仕事を私たちの生活と関連付けることで、私たちのくらしへの影響について考え、そのことを表現している。	**ウ**　店の仕事と私たちの生活との関りについて関心を持ち、お店の人が地域社会の生活を豊かにするためにどのような工夫を行っているかを意欲的に考えようとしている。

ア、イの文末表記は「している」、ウの文末表記は「しようとしている」とする。

「単元の解釈」の部分。学習指導要領・同解説を参考にして書く。

5 **指導観**

（１）単元について

単元とは、小単元を指す。

本単元では、販売に携わる人の工夫や商品が消費者に届くまでの過程を調べることを通じて、地域の人々の生活を支える販売の仕事の様子や役割を理解する。指導の過程では、販売の仕事にはどのような工夫がなされているか、考察する。また、身近な店の販売の仕事を取り上げ、店の仕事が私たちの生活を支えていることに気づかせる。実際に店を訪問し販売しているところを見学したり、店の人にインタビューしたりすること通して、店の仕事が地域社会の発展にどのように寄与しているかについて考えようとする態度を養うことを目指す。

（２）児童の実態について

本学級の児童は、前の小単元「市の様子」の学習を通して、自分たちが生活している市についての地理的環境や地域の諸活動について学習した。これまでの学習を通じて、地域の地形や土地利用、人々の働き、交通の広がりなどを学習し、児童は地域の特色について考えることができている。地域の人々の生活に焦点を当てた時には、人が多いところに施設が多く建っているといった児童もいた。そのことから、人々の生活に興味があり、地域に見られる生産や販売の仕事の様子に関心をもっていることがうかがえる。
学級内は明るい雰囲気であり、積極的に活動する様子が見られる。学習に対する意欲が高い児童が多い。しかし、児童同士で協力することには消極的な面があり、意見の活発な交流はあまり見られない。そのため、本単元では意見交換したり共同的学習を積極的に組み込んだりしていくことが必要である。

「教材の研究」の部分。教材を通じて児童に習得させたい力を具体的に書く。

（3）教材について
本単元は身近なことから店の仕事について考えさせる学習であり、家庭での一週間の買い物のレシートを集めてまとめさせることで、店の仕事への興味・関心を持たせる。店を見学したり、店の人にインタビューしたりする中で、見学前に調べたり考えたりしたことが実際に訪問したことによりどう変わったのかを確認させる。まとめでは、本単元を通して学習したことを生かし、取材した内容を「お店紹介パンフレット」としてまとめ発表させることで、店の仕事を理解するとともに、店の仕事や販売上の工夫についての関心を高め、地域社会に対する理解と愛情を育む。

児童の視点（児童が主語。主語は省略）

教師の視点（教師が主語。主語は省略）

⑥　指導計画（14時間扱い）

過程	時	学習活動	指導の留意点	評価 （評価方法）
つかむ	1	・いつも利用する店を発表する。 ・店の写真を撮ってきて、気づいたことや疑問に思ったことを発表する。	・普段立ち寄る店を尋ねることで販売の仕事が私たちの日常生活を支えている重要な仕事であることに気づかせる。	ウ（発言・ノート）
	2 本時	・家庭から持参した買い物のレシートからどんな店にどのくらいの回数で買い物をし、何を買っていたかをまとめる。 ・家庭でのインタビューから、家の人が店で何を買っていたか、ノートにまとめる。	・一週間分の買い物のレシートを持参させ、家庭の買い物状況をノートに整理させる。 ・単元の学習課題を理解させる。	ア－①（発言、ノート） ウ（観察、ノート）
	3	・前回（第2時）の買い物調べから、スーパーマーケットの利用が多いことを確認する。 ・利用頻度が高い店にはどんな特徴があるか、意見を出し合う。	・買い物調べを基に、多くの人が利用するスーパーマーケットには、どのような利点や特徴があるのかを気づかせる。	ア－②（発言、ノート） イ－②（発言、ノート）
調べる	4	・スーパーマーケットの商品について、「値段」「品揃え・陳列」「新鮮さ」「便利さ」に着眼し調べることや明らかにしたいことを話し合い、見学シートを作成する。 ・見学のマナーを学習する。	・スーパーマーケットを見学する計画を立てさせる。 ・スーパーマーケットを見学する際のマナーについて指導する。	ア－③（発言、ノート、ワークシート） ウ（観察、取材シート）
	5	・スーパーマーケットを訪問し、店内の見学や店の人へのインタビューを行う。	・計画に従って、見学させる。 ・見学マナーが守られていない場合には、注意する。	ア－③（観察、見学シート）
	6	・見学、インタビューをして分かったことを表や文でまとめる。 ・調べたことを「値段」「品揃え・陳列」「新鮮さ」「便利さ」に整理し、販売の工夫について考える。	・見学、インタビューをして分かったことをまとめさせ、販売の工夫について考えさせる。	ア－③（観察、見学シート・ノート） イ－①（発言、見学シート・ノート）

一時間で行う評価の個数は1ないし2とする。

調べる	7	・スーパーマーケットの仕事から分かった店の工夫を話し合う。 ・スーパーマーケットの工夫が人々の生活をどのように便利にしているかを考える。	・店で見つけた工夫の様子を発表させ、スーパーマーケットがどのような販売の工夫を行っているかを考えさせる。	ア - ②（発言、ノート） イ - ②（発言、ノート）
	8	・表にまとめた商品の産地を集計し、仕入れ先の地域・国を地図に書き入れる。地図化することで分かったことをまとめる。	・スーパーマーケットで売られている商品がどこから来ているか調べさせ、他地域や外国との繋がりを考えさせる。	ア - ③（発言、地図、ノート）
	9	・家庭ではどんなことに気をつけて買い物をしていたか振り返る。 ・上手な買い物の仕方について話し合う。	・消費者のニーズの視点から販売の仕事について考えさせる。	ア - ②（発言、ノート） ウ（発言、ノート）
	10	・スーパーマーケットの工夫や、客が気をつけていることなどから、どのような店が消費者にとってよい店なのか話し合う。 ・自分が店の人だったらどのような点を重視するかについて考える。	・スーパーマーケットでの工夫を通して、販売の仕事の地域の人々への貢献について考えさせる。	ア - ②（発言、ノート） ウ（発言、ノート）
	11	・パンフレットとはどういうものか、その役割を理解する。 ・パンフレットに掲載したい内容の順位づけをして、焦点を絞りながら内容や構成を検討する。	・パンフレットの役割を考えさせる。 ・パンフレットに載せる内容の選定や構成の方法について助言を行う。	ア - ③（見学シート・ノート） イ - ②（発言、ノート、作品）
まとめる	12	・前回検討した内容や構成の案を基に、「お店紹介パンフレット」を作成する。	・「お店紹介パンフレット」作成に必要な文具を準備する。	ア - ③（発言、「お店紹介パンフレット」）
	13	・「お店紹介パンフレット」を発表する。 ・工夫した点について話し合う。 ・スーパーマーケットが大切にしている工夫について話し合う。	・「お店紹介パンフレット」を共有し、スーパーマーケットが大切にしている工夫について考えさせる。	ア - ③(発言、ノート、「お店紹介パンフレット」) ウ（観察、ノート）
	14	・活動を振り返り、店の行っている工夫について話し合う。 ・スーパーマーケットが最も重視している工夫について考え、ノートに整理する。 ・店の仕事が地域にはたしている役割・貢献について考える。	・スーパーマーケットが最も重視している工夫について話し合いを行わせる。話し合いの内容をもとに、今後の自分たちの生活に生かせることは何かについて考え、判断させる。	イ - ②（発言、ノート） ウ（観察、ノート）

７　本時の指導（全14時間中の第２時）

⑥　指導計画の第２時の「評価」の内容と一致させる。

（1）本時の指導目標

家庭から持参した一週間分のレシートと買い物観察をもとにスーパーマーケットでの買い物が家庭生活を送る上で重要な役割を果たしていることが理解でき、店の仕事に興味・関心をもち意欲的に調べようとしている。

（2）本時の展開

児童の視点　　　教師の視点

学習過程	○学習内容・学習活動 ・児童の反応	◎指導上の留意事項 ☆評価規準
つかむ (10分)	○前時の学習内容を振り返る。 ○本時の学習のめあて「レシートから買い物調べをしてみよう」を確認する。 ○レシートを調べる。 ・スーパーマーケットのレシートばかりだ。 ・このレシートは食料品が多い。 **めあて：レシートから買い物調べをしてみよう。** **「めあて（目当て）」は児童の視点で書く。文末は「・・・しよう」となる。**	◎ノートを見返させて、本単元での学習問題を確認させる。 ◎あらかじめ準備したレシートを見せることで、本時の学習内容につなげさせる。 ◎レシートを集められなかった児童には、事前に用意しておいたレシートを渡す。 ◎児童が発言したら、互いに褒めるように促す。
調べる (30分)	○持ってきたレシートから買い物をした店や品物の種類について読み取り、ワークシートにまとめる。 **⑥　指導計画の第２時と同じ評価規準を書く（☆印部分）。** ○ワークシートをみながら、店の種類別にシールを貼る。 ○シールを貼った表からグラフをつくる。 ○表やワークシートから読み取ったことを発表する。 ・スーパーマーケットに買い物に行く人が多い。 ○家の人への買い物観察を基に、家の人がどのような買い物をしているのかを班で話し合う。 ○話し合ったものを発表する。 ・家から近い場所で買い物をしている。 ・新鮮なものを買う。 ・チラシをみて、安い日に買い物に行く。	◎ワークシートは「買った店」「品物の種類」「買った理由」などの項目を提示し、児童が同じ観点で読み取れるように指導する。 ◎買った品物の値段については触れないようにして、家庭のプライバシーに十分配慮する。 ◎児童が発言したら、お互いに褒めるように促す。 ☆評価規準ア-①（発言、ノート） ◎クラスとして店種別に表をつくり、全体の傾向が分かるようにする。 ◎児童に発問しながらグラフをつくり、表の情報を見やすくする。 ◎表やワークシートから読み取ったことを発表させ、買い物をする時には理由があったり、買った場所には特徴があったりすることを確認させる。 ◎単元を貫く学習課題「なぜスーパーマーケットで買い物をする人が多いのだろうか」につながる、スーパーマーケットで買い物する人が多いことを気付かせる。 ◎児童や家庭のプライバシーに十分配慮する。 ☆評価規準ウ（観察、ノート） ◎買い物観察から読み取ったことを発表させ、客が店を選んで、目的に合わせて買い物をしていることに気付かせる。 ☆評価規準ア-①（発言、ノート、ワークシート）
まとめる (5分)	○本時の学習内容を振り返り、目的に合わせた買い物ができるように、店が工夫していることについてまとめる。	◎本時の学習で学んだことを振り返らせ、次回の学習についての予告とする。

授業計画表には、板書計画を加える形式が多い。

（３）板書計画

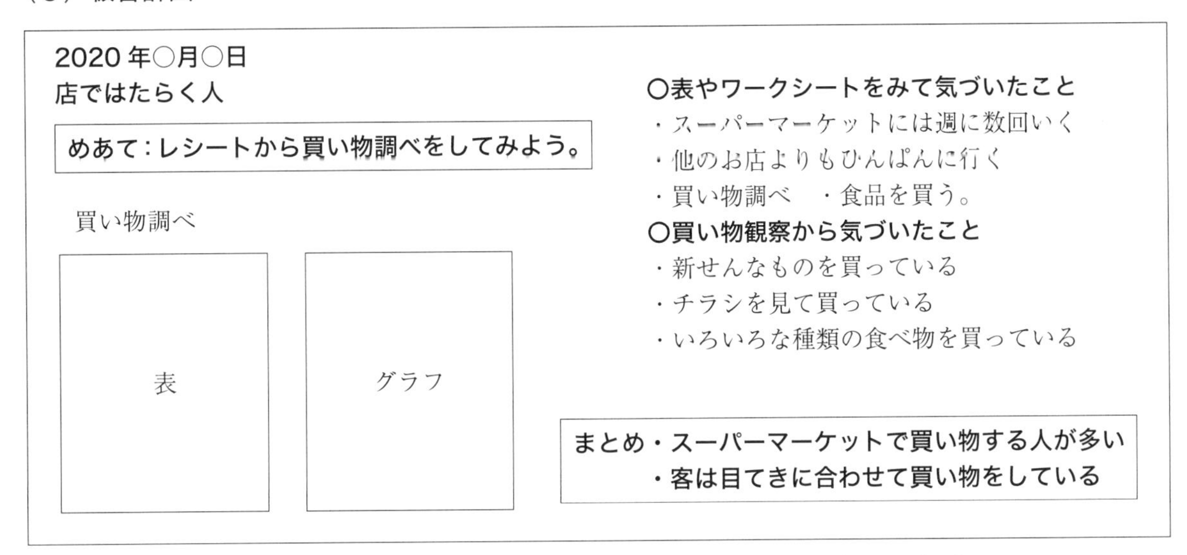

＊板書は、左上（授業の題目・めあて）から右下（まとめ）へ向かって流れる形になる。

4. 学習指導案の書き方を学んで授業づくりの技量を高めよう

学習指導案の作成は、教科教育法の中核を構成する内容である。近年の教科教育法に対する要望として、模擬授業の実施を含めた実践的技能の習得が求められている。冒頭で紹介した波先生の言葉にもあるように、学習指導案は授業実践という航海に必要な羅針盤と海図である。学習指導案を書くことが出来なければ、単元を通してよい授業を行い社会科の目標を達成することはかなわない。

学習指導要領の今次改訂では、改訂の方向性としてカリキュラム・マネジメントの視点が明確化されることになった。そこでは、アクティブ・ラーニングに基づく授業実践が期待されている。その結果、これからの教師に求められる資質・能力として、授業を構想し実践していくことが何よりも重要となってきた。教師を目指す諸君にとって、学習指導案の意義と役割を理解し、その書き方を習得しておくことは重要なことである。学習指導案を書くことは、骨の折れることかもしれない。しかし、学習指導案を書くことで諸君の社会科授業づくりの技量が飛躍的に高まることになろう。

◆参考文献◆

波巌（2010）、『小学校社会科　よりよい学習指導案からよりよい授業実践へ―社会に参画する授業の実践技術と理論―』東洋館出版社

（田尻　信壹）

第３節　小学校第３学年社会科の目標及び内容と模擬授業づくり

1．第３学年社会科の学習指導要領の目標・内容（『小社解説』31ページを参照）

(1) 改訂のポイント

第３学年と第４学年の目標および内容は、２学年分がまとめて示されていたのが、分けて示すよう改善が求められた。教科書も第３学年で１冊、第４学年で１冊、発行されるようになった。

また、「教科用図書　地図（以下地図帳）」が第３学年から配布・使用されるようになった。これは、グローバル化への対応が背景にある。第３学年のスーパーマーケットの学習では外国産が多いことに気づかせるなど、社会科はもちろんのこと、外国語活動（英語）、総合的な学習の時間をはじめ、他の教科等の学習や家庭においても地図帳や地球儀の活用が重要である。

第３学年では、年間の授業時間数は70時間の時間数のまま、(1) 身近な地域や市区町村の様子、(2) 地域に見られる生産や販売の様子、(4) 市の様子の移り変わり、に加え、第４学年で指導していた (3) 地域の安全を守る働き、の内容も指導することになる。

忘れてはならないのがフィールドワークである。内容（１）に示されているように、市の地形、土地利用、交通の広がり、市役所など主な公共施設の場所と働き、古くから残る建造物に着目すること、そのために指導者自身の事前のフィールドワーク、「地域を知ること」が欠かせない。

(2) 第３学年社会科の目標

社会的事象の見方・考え方を働かせ、学習の問題を追究・解決する活動を通して、次のとおり資質・能力を育成することを目指す。

(1) 身近な地域や市区町村の①（　　　　　）、地域の安全を守るための諸活動や地域の産業と消費生活の様子、地域の様子の移り変わりについて、人々の生活との関連を踏まえて理解するとともに、調査活動、地図帳や各種の具体的資料を通して、必要な情報を調べまとめる技能を身に付けるようにする。

(2) 社会的事象の特色や相互の関連、意味を考える力、社会に見られる課題を把握して、その解決に向けて社会への関わり方を選択・判断する力、考えたことや選択・判断したことを表現する力を養う。

(3) 社会的事象について、②（　　　　　）に学習の問題を解決しようとする態度や、よりよい社会を考え学習したことを社会生活に生かそうとする態度を養うとともに、思考や理解を通して、地域社会に対する誇りと愛情、地域社会の一員としての自覚を養う。

(3) 第３学年社会科の内容

内容（1）身近な地域や市区町村の様子

身近な地域や市区町村の様子について学習の問題を追究・解決する活動を通して、次の事項を身に付けることができるよう指導する。

ア　次のような知識及び技能を身に付けること。

(ｱ) 身近な地域や自分たちの市の様子を大まかに理解すること。

(ｲ) 観察・調査したり地図などの資料で調べたりして、③（　　）などにまとめること。

イ　次のような思考力、判断力、表現力等を身に付けること。

(ｱ) 都道府県内における市の④（　　）、市の地形や土地利用、交通の広がり、市役所など主な公共施設の場所と働き、古くから残る建造物の⑤（　　　）などに着目して、身近な地域や市の様子を捉え、場所による違いを考え、表現すること。

内容の取り扱い

・「身近な地域や市区町村の様子」は学年の導入で扱うこととし、「自分たちの市」に重点を置くよう配慮すること。

・「白地図などにまとめる」際に、教科用図書「地図」（以下「地図帳」という。）を参照し、方位や主な⑥（　　　　　）について扱うこと。

内容（2）地域に見られる生産や販売の様子

学習の問題を追究・解決する活動を通して、次の事項を身に付けることができるよう指導する。

ア　次のような知識及び技能を身に付けること。

(ｱ) 生産の仕事は、地域の人々の生活と密接な関わりをもって行われていることを理解すること。

(ｲ) 販売の仕事は、消費者の多様な願いを踏まえ売り上げを高めるよう、工夫して行われていることを理解すること。

(ｳ) 見学・調査したり地図などの資料で調べたりして、白地図などにまとめること。

イ　次のような思考力、判断力、表現力等を身に付けること。

(ｱ) 仕事の種類や産地の分布、仕事の工程などに着目して、生産に携わっている人々の仕事の様子を捉え、地域の人々の生活との関連を考え、表現すること。

(ｲ) 消費者の願い、販売の仕方、他地域や外国との関わりなどに着目して、販売に携わっている人々の仕事の様子を捉え、それらの仕事に見られる工夫を考え、表現すること。

内容の取り扱い

・「生産の仕事」では事例として農家、工場などの中から選択して取り上げるようにすること。

・「販売の仕事」では商店を取り上げ、「他地域や外国との関わり」を扱う際には、地図帳などを使用して都道府県や国の⑦（　　　　）などを調べるようにすること。

・我が国や外国には国旗があることを理解し、それを尊重する態度を養うよう配慮すること。

内容（3）地域の安全を守る働き

地域の安全を守る働きについて学習の問題を追究・解決する活動を通して、次の事項を身に付けることができるよう指導する。

ア　次のような知識及び技能を身に付けること。

(ｱ) ⑧（　　　　　）などの関係機関は、地域の安全を守るために、相互に連携して緊急時に対処する体制をとっていることや、関係機関が地域の人々と協力して火災や事故などの防止に努めていることを理解すること。

(ｲ) 見学・調査したり地図などの資料で調べたりして、まとめること。

イ　次のような思考力、判断力、表現力等を身に付けること。

(ｱ) 施設・設備などの配置、緊急時への備えや対応などに着目して、関係機関や地域の人々の諸活動を捉え、相互の関連や従事する人々の働きを考え、表現すること。

内容の取り扱い

・「緊急時に対処する体制をとっていること」と「防止に努めていること」については、⑨（　　　　）はいずれも取り上げること。その際、どちらかに重点を置くなど効果的な指導を工夫すること。

・社会生活を営む上で大切な⑩（　　　　　）について扱うとともに、地域や自分自身の安全を守るために自分たちにできることなどを考えたり選択・判断したりできるよう配慮すること。

内容（4）市の様子の移り変わり

市の様子の移り変わりについて学習の問題を追究・解決する活動を通して、次の事項を身に付けることができるよう指導する。

ア　次のような知識及び技能を身に付けること。

(ｱ) 市や人々の生活の様子は、時間の経過に伴い、移り変わってきたことを理解すること。

(ｲ) 聞き取り調査をしたり地図などの資料で調べたりして、⑪（　　）などにまとめること。
イ　次のような思考力、判断力、表現力等を身に付けること。
(ｱ) 交通や公共施設、土地利用や人口、生活の道具などの時期による違いに着目して、市や人々の生活の様子を捉え、それらの変化を考え、表現すること。

内容の取り扱い

ア 「年表などにまとめる」際には、時期の区分について、昭和、平成など元号を用いた言い表し方などがあることを取り上げること。
イ 「公共施設」については、市が公共施設の整備を進めてきたことを取り上げること。その際、租税の役割に触れること。
ウ 「人口」を取り上げる際には、⑫（　　　）化、国際化などに触れ、これからの市の発展について考えることができるよう配慮すること。

2. 学習指導案の作成

以下は学生が大学２年生時に作成した学習指導案を修正したものである。西生田キャンパス周辺の探検の際に撮った写真（杉山神社、読売ランド駅前交番、川崎生田郵便局、生田南大作公園など）や動画が効果的である。実際の活動に合わせて教師の記入例を示した「探検シート」も作成している。本時のめあてを書いた模造紙を用意して、今後の見通しを持たせている。

第３学年社会科学習指導案

日　時：2020 年 11 月○日（火）２校時
場　所：○○○小学校３年○組
児童数：30 名（男子 15、女子 15 名）
授業者：○○○○　　印

押印を忘れずに

１　教科書　新しい社会３年（東京書籍）・楽しく学ぶ小学生の地図帳（帝国書院）
２　単元名　わたしたちのまち　みんなのまち（全 24 時間）
（小単元名　1. 学校のまわり（全 11 時間））
３　小単元の指導目標
学校のまわりの様子を観察し、地形や土地利用の様子、交通の様子について調べ、調べたことを絵地図や白地図に表現するとともに、学校のまわりには様々な場所があり、その様子は場所によって違いがあることを理解し、具体的に考えることができる。
４　小単元の評価規準

知識及び技能	思考力、判断力、表現力等	学びに向かう力、人間性等
ア－①学校のまわりの地形、土地利用の様子、主な公共施設などの場所と働き、交通の様子、古くから残る建造物の場所と様子などを理解している。 ア－②学校のまわりを調べたり、白地図等にまとめたりすることを通して、地域の様子は場所によって違いがあることを理解している。	イ－①学校のまわりの様子について調べたことをもとにして、さらに活用しながら、地域の特色について考えている（どこに・なにが・なぜ）。 イ－②学校のまわりの様子について調べたことを、方位を確認しながら白地図に書き表し、主な地図記号や四方位などを用いて絵地図にまとめることを通して、気付いたことを自分の言葉で表現している。	ウ－①学校のまわりの様子に関心をもち、意欲的に調べようとしている。 ウ－②学校のまわりの様子の特色やよさを考えようとしている。

ア、イの文末表記は「している」、ウの文末表記は「しようとしている」とする。

５　指導観

「単元の解釈」の部分。学習指導要領・同解説を参考にして書く。

（１）小単元について

本小単元は、以下の新学習指導要領の第３学年の内容（1）にもとづき設定した。

> ア　次のような知識及び技能を身に付けること。
> （ア）身近な地域や自分たちの市の様子を大まかに理解すること。
> （イ）観察・調査したり地図などの資料で調べたりして、白地図などにまとめること。
> イ　次のような思考力、判断力、表現力等を身に付けること。
> （ア）都道府県内における市の位置、市の地形や土地利用、交通の広がり、市役所など主な公共施設の場所と働き、古くから残る建造物の分布などに着目して、身近な地域や市の様子を捉え、場所による違いを考え、表現すること。

本小単元は、児童にとって、第３学年から始まる社会科学習の初めての学習であるため、第２学年までの生活科の学習との関連を図る。観察・体験などの、児童が主体的に活動し、得た「気づき」から生まれた疑問を通して深い学びにつなげることで、児童が社会科の楽しさを感じることができるように心がけたい。

（２）児童の実態について

児童は、これまで２年生の生活科で校区内の商店や住宅などを観察し、簡単な絵地図に表現したり、グループごとに「町はっけん」にでかけて、見たり、尋ねたりしながら、見つけたことや出会った人やものを「はっけんカード」に書いて、発表したりしている。しかし、これらの学習は、自分と地域のかかわりに気付き、自立への基礎を養うことを目的としたものであり、校区の特色やよさを考え、理解するまでには至っていない。本小単元は、社会科学習の導入単元であることから、問題解決的な学習過程を通して、学習の仕方を身に付けさせることを意識して指導したい。さらには、児童自らが主体となって観察や見学することの楽しさや、日ごろ見慣れているところでも、課題をもって見つめ直すことで新たな発見に結びつく喜びを感じさせるとともに、問題を解決する過程での児童の思いや気づきを「社会を見る目」へと育てていきたい。

（３）教材について

本小単元の学習では、児童にとって身近な地域である、学校のまわりの様子について児童に関心をもたせ、探検を通して学校のまわりの特色を調べることで、学校のまわりには様々な場所があり、その様子には場所によって違いがあることを理解し、考えることをねらいとする。さらに、調べたことを白地図や絵地図にまとめることを通して、四方位や主な地図記号について理解し、活用できるようになることもねらいとする。そして、次の小単元である「市のようす」の学習へとつながっていく。

「教材研究」の部分。教材を通じて児童に習得させたい力を具体的に書く。

児童の視点（児童が主語。主語は省略）　　教師の視点（教師が主語。主語は省略）

６　学習指導計画（11時間）

過程	ねらい	○学習活動　●内容	◇指導・支援　◆評価➡方法	＊資料
つかむ 四時間	みんなの紹介したい場所を共有し、探検意欲を高める。 （２時間）	①通学路や家のまわりの様子を思い出し、出会う人や建物、景色について友達や先生に紹介したいことを「紹介カード」に記入し、グループで紹介し合う。 ●公園、神社、駅、線路や踏切、交番、郵便局、商店街など ②グループであがった場所をクラスで出し合い、みんなで行きたいところを話し合う。	◇白地図や地域の写真を提示し、学校のまわりの様子を想像できるようにする。 ◇「紹介カード」を配布し、紹介したい場所を具体化できるようにする。 ◆みんなに紹介したい場所を考え、「紹介カード」に表現している。 ［思考力、判断力、表現力等］ ➡紹介カード	＊白地図や地域の写真 ＊紹介カード

			◆「紹介カード」をもとに、紹介したい場所を理由とともに意欲的に発言している。 [学びに向かう力、人間性等] ➡児童の発言	
	探検方法を理解し、探検の準備をする。（2時間）	①「学校教育放送番組　学校のまわりを探検しよう」を視聴する。 ●ビデオの内容をもとに探検方法を簡単に振り返り、要点をノートに書く。 ②学校のまわりの様子について、調べたいことを考えて、学習目標を確認する。	◇探検方法の要点をあらかじめ模造紙などにまとめておき、いつでも振り返ることができるようにする。 ◇ノートに要点を書くように指示する。 ◆探検方法についてビデオの内容を理解している。[知識及び技能] ➡ノート	＊学校教育放送番組 ＊探検方法の要点をまとめた模造紙 ＊学習目標を書いた模造紙
		学習目標　わたしたちの学校のまわりは、どのような様子なのでしょうか。		
		③探検の計画を立てる。 <確認すること> ●学習計画、探検コース、調べること、調べ方、記録の仕方、注意事項 ●どんなことに注目するか（視点）	◇学習目標を模造紙に書き、毎時間確認できるようにする。 ◇何を調べ、どのようにしてまとめるか、学習全体の見通しをもてるようにする。	
調べる　三時間	学校のまわりを探検する。（3時間）	①学校からの東西南北（四方位）の方向に探検して、調べる。 ●北コース（1時間） ●南コース（1時間） ●西コース（1時間） ②わかったこと、気づいたこと、思ったことを「探検シート」と白地図に記入する。	◇「探検シート」の記入の仕方を確認する。 ◇観察の仕方を丁寧に支援するために全員で探検を進める。 ◇地形の様子、土地利用の様子、交通の様子、古くから残る建造物の場所と様子に目を向けさせる。 ◇児童の安全が確保されるように、引率者の確保をする。 ◆視点に沿って、わかったこと、気づいたこと、思ったことを「探検シート」と白地図に記入している。[思考力、判断力、表現力等] ➡探検シート、白地図	＊探検シート ＊白地図 ＊方位磁石
まとめる　四時間	地図のもつ役割について理解し、学校のまわりの絵地図を完成させる。（3時間）	①わかりやすい絵地図を作るにはどうしたらいいのか話し合う（本時） ●絵地図に表す際の約束を決める。 ②四方位と主な地図記号について学ぶ。 ③四方位と主な地図記号、探検シートと白地図をもとに、グループで絵地図に表す。	◇四方位は教室や地図上で確認すると共に、一般的な地図は原則的に北を上にして地図がつくられていることを指導する。 ◇地図記号は、成り立ちに触れる工夫をすることで、児童の関心を高めることが期待できる。 ◆わかりやすい絵地図を作るにはどうしたらいいのか考えようとしている。[学びに向かう力、人間性等] ➡児童の発言 ◆調べたことを四方位や主な地図記号を用いて、絵地図にまとめている。[思考力、判断力、表現力等] ➡完成させた絵地図	＊模造紙
	学校のまわりの様子に	①完成した絵地図をもとに、わかったことをグループで簡単に話し合	◇話し合いの内容が土地利用などに偏った際には、地形や土地の様子に	＊完成した絵地図

	ついて、絵地図をもとにまとめる。 （１時間）	う。 ②学校のまわりの様子についてわかったことをまとめる。 **まとめ**　学校のまわりには様々な場所があり、その様子には、場所によって違いがある。	ついてもどうであったか意見を促す。 ◇まとめた要点はノートに書くように指導する。 ◆身近な地域の特色について理解している［知識及び技能］ ➡方法：児童の発言 ◆身近な地域の様子は、場所によって違いがあることを理解している。［知識及び技能］ ➡方法：ノート	

７　本時の指導（11時間中８時間目）

学習指導計画の第８時の「評価」の内容と対応する。

○本時の指導目標

わかりやすい絵地図を作るにはどうしたらいいか話し合い、学級で決めた記号や四方位と簡単な地図記号があったらわかりやすいことに気付かせる。そして、「よみうりランド前たんけんマップ」の完成に向けて意欲を持たせる。

学習の流れ（時間）	○学習活動　●学習内容　＜児童の様子＞	◇指導・支援　◆評価➡方法　＊資料
導入 （10分）	①前時の振り返りをする。 ●学校のまわりを探検したことを想起させる。（写真、動画、「探検シート」から） ②今後の授業課題を確認する。（紹介程度） よみうりランド前たんけんマップをつくろう めあて：絵地図をわかりやすくするためにはどうしたらよいか考えてみよう。 **「めあて（目当て）」は児童の視点で書く。文末は「・・・しよう」となる。**	◇探検の際に撮った写真と動画を見せる。 ◇探検の際に使用した「探検シート」を見せる。 ＊探検の際に撮った写真（杉山神社、読売ランド駅前交番、川崎生田郵便局、生田南大作公園など）と動画 ＊教師の記入例を示した「探検シート」 ◇本時のめあてを書いた模造紙を用意して、今後の見通しを持たせる。 ＊本時のめあてを書いた模造紙
展開 （30分）	①わかりやすい絵地図を作るにはどうしたらいいのかクラスで話し合う。 ＜児童の様子＞ ・絵地図に書く記号を同じにしたらいいと思います。 ②絵地図に書く共通の記号をグループで考えて、発表する。 ＜児童の様子＞ ・木があるところは、木のマークがいいと思います。 ・家の多いところは、家のマークがいいと思います。 ・公園は、滑り台のマークがいいと思います。 ③地図記号を学ぶ。 ●学校、郵便局、神社、消防署、橋 ●「地図記号練習シート」で練習する。 ④四方位を学ぶ。 ●一つずつの方位の読み方、「東西南北」の読み方を確実に教える。 ●「南を向いてみましょう」といって体ごと向きを変えさせたり、一つ一つの方位が示し	◇書く人によって絵地図の書き方がバラバラだと見やすいかどうか質問して、共通の記号を作ることでわかりやすくなることにつなげたい。 ◇発表する際は、何をもとにして考えた記号なのか、理由も発表するように指導する。 ◇児童の発想を大切にして、クラス独自のものを考えさせたい。 ◆わかりやすい絵地図にするために、みんながわかる記号を考えようとしている。［思考力、判断力、表現力等］ ➡児童の発言、発表の内容 ◇「地図記号をおぼえよう」と書いた模造紙を用意して、これからの学習の見通しを持たせる。 ＊「地図記号をおぼえよう」と書いた模造紙 ◇それぞれの地図記号と、もとになったものを書いて、成り立ちを示すことで、単なる暗記にならないように留意する。

	ている方向を確認する（窓は南のほうにあるなど）。	＊それぞれの地図記号と、もとになったものを書いた模造紙 ◇「地図記号練習シート」でやって終わりではなく、地図記号を理解した上で覚えるようにする。 ◆地図記号を理解し、活用しようとしている。[知識及び技能] ➡「地図記号練習シート」 ＊「地図記号練習シート」 ◇四方位を指導する際には、教師の一方的な知識伝達にならないように、児童の体を使いながら指導する。 ◇東西南北を書いた紙を教室の壁面にも貼るなどして、日常的に意識させたい。＊東西南北を書いた画用紙
まとめ（５分）	①今日の授業の振り返りをする。 ②次回の授業の説明をする。	◇みんなで共通の記号を考えたこと、地図記号と四方位を学んだことを振り返る。

8　ワークシート

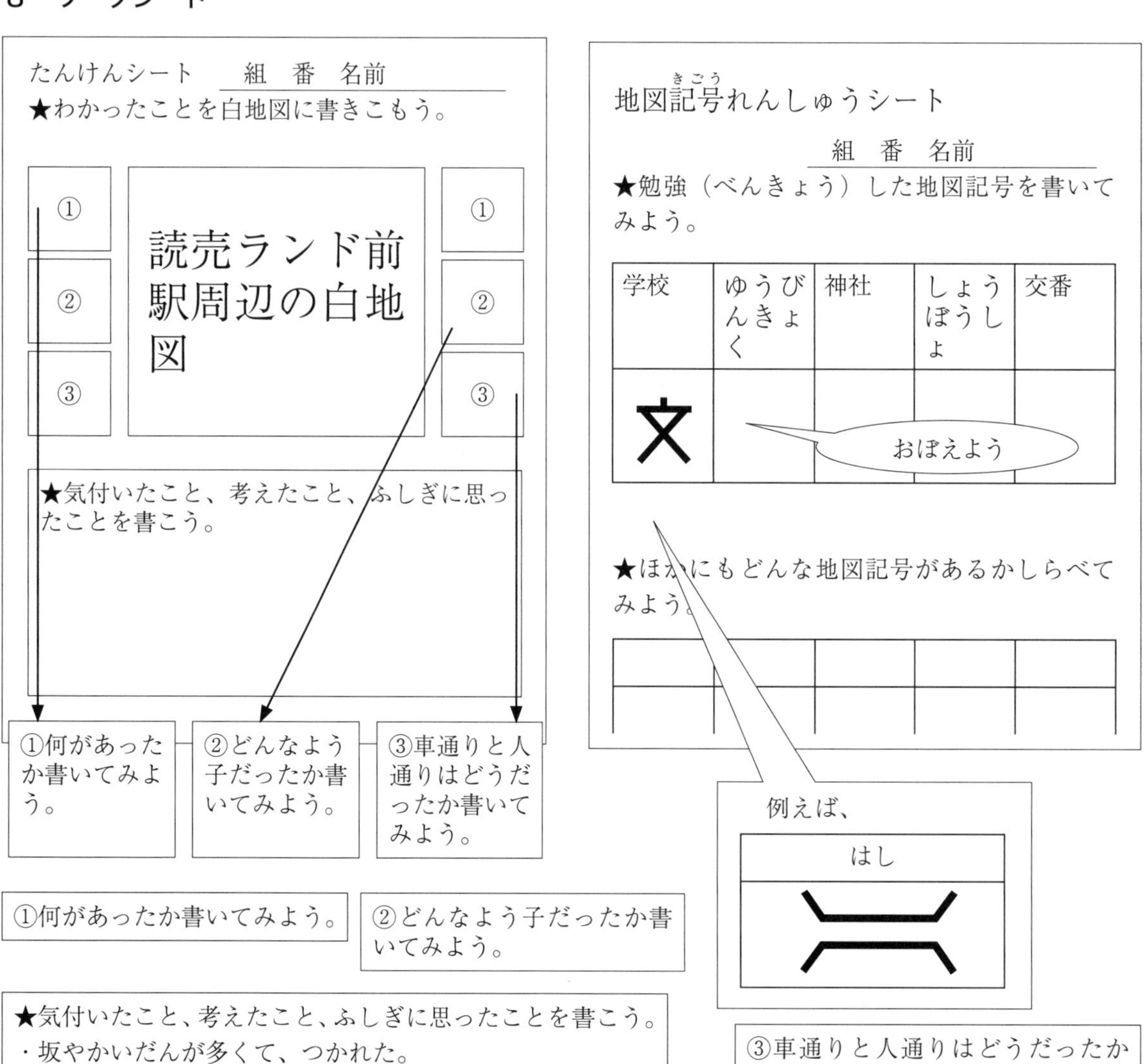

9　板書計画

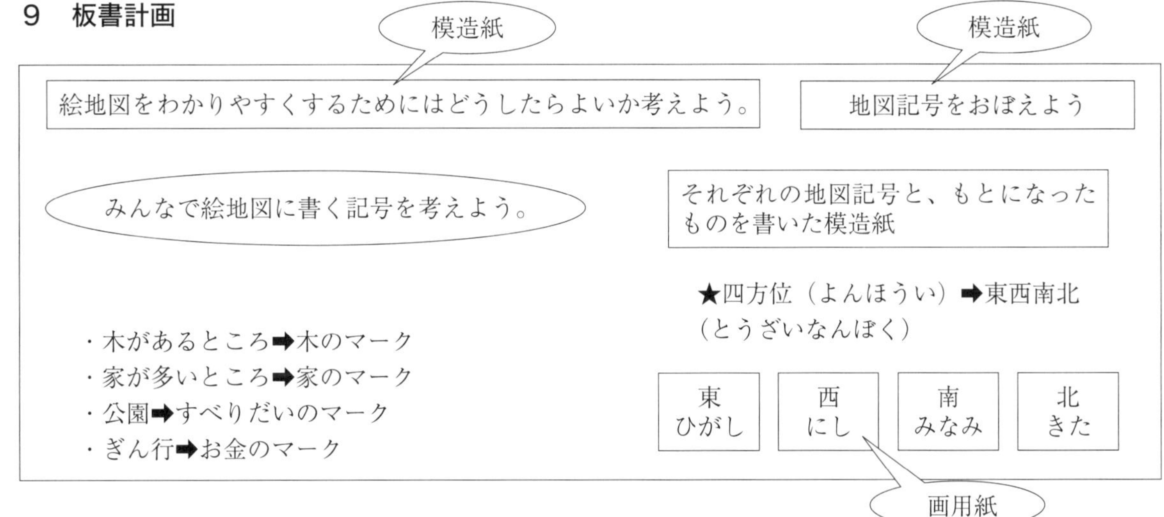

10　TC 案

T：これから社会の授業を始めます。みなさんは、前回までに３回学校のまわりを探検に行きましたね。みなさんには、探検を通して、学校の様子について気づいたことや考えたことを「探検シート」に書いてもらいました。それでは、みなさんが探検してきた学校のまわりの様子はどうだったかな？先生が撮った写真と動画、「探検シート」を見ながら探検の様子を思い出してみましょう。

●探検の際に撮った写真と動画を流す（1 分)。・児童の反応を見ながら写真と動画の説明をする。

●教師の記入例を示した「探検シート」を見せる（PowerPoint)。

T：これは先生が書いてみた「探検シート」です。みなさんはどんなことを書いたかな？今日の目標です。みなさんで一緒に読んでみましょう。

C：「絵地図をわかりやすくするためにはどうしたらよいかかんがえよう」

T：みなさんに質問です。書く人によって絵地図の書き方がバラバラだと見やすいですか？

C1：見にくいと思います。

T：それではどうしたらわかりやすい絵地図になると思いますか？

C2：絵地図に書く記号をみんなで決めて、同じにしたらいいと思います。

T：みなさんで考えた記号を書いたらわかりやすいね。まずは、グループの人とどんな記号が良いか、８分間で考えましょう。次に、グループごとに発表してもらいます。理由も言えるといいね。

T：はい、では時間になったので発表してもらいます。１班さんからお願いします。

C1：家が多いところは、すぐにわかるように家の記号がいいと思います。●発表を黒板にまとめる。

C2：はい。公園は、みんなが好きだと思うので、滑り台の記号がいいと思います。

C3：はい。銀行は、お金があるところなので、お金の記号がいいと思います。

T：はい、ありがとうございます。なるほど、みんなが見てわかりやすい記号ばかりだね。どのグループも理由もしっかり発表してくれました。みなさんが出してくれたこの記号は、絵地図を書くときに使います。先生がばっちり記録しておきますね。今みなさんに考えてもらったのですが、実はもっと簡単に、そしてみんなにわかりやすい記号があるんです。それは、地図記号と言います。

●「地図記号（ちずきごう）をおぼえよう」の模造紙を黒板に貼る。T：みなさんにはこの地図記号を覚えてもらいます。知っている子もいるかな。例えばどんなものがあるかというと。

●用意しておいた、それぞれの地図記号と、もとになったものを書いた模造紙を黒板に貼る。

T：このように地図記号を使うと、より簡単に、そしてみんなにわかりやすく絵地図を書くことができますね。では、今からこの「地図記号練習シート」を配ります。● PowerPoint で用紙を見せる。

T：プリントを見てみると、空いているところがありますね。今学んだ地図記号を書いてみましょう。

T：今日勉強した地図記号の他にも、どんな地図記号があるか、自分で調べてみてくださいね。

解答

①地理的環境　②主体的　③白地図　④位置　⑤分布　⑥地図記号　⑦名称と位置　⑧消防署や警察署　⑨火災と事故　⑩法やきまり　⑪年表　⑫少子高齢

（田部　俊允）

第４節　小学校第４学年社会科の目標及び内容と模擬授業づくり

1. 第４学年社会科の学習指導要領の目標・内容（『小社解説』48ページを参照）

(1) 改訂のポイント

第４学年の目標および内容も第４学年単独で示されるようになる。第４学年の内容は（１）県の様子、（２）人々の健康や生活環境を支える事業、（３）自然災害から地域の人々を守る、（４）県内の伝統や文化、先人の働き、（５）県内の特色ある地域の様子の５つとなった。

第４学年の社会科は地域学習が中心である。第４学年でもフィールドワークを重視し、観察・調査活動を大切にする必要がある。『小社解説』にも記されているが、具体的には以下のような地域教材や見学先が考えられる。

（１）県の様子・・・都道府県庁、交通機関、（２）人々の健康や生活環境を支える事業・・・浄水場、クリーンセンター、リサイクルセンター、（３）自然災害から地域の人々を守る・・・防災センター、防災公園、（４）県内の伝統や文化、先人の働き・・・博物館、歴史資料館、産業記念館、（５）県内の特色ある地域の様子・・・遠足

主体的・対話的で深い学びを育成する為に、発表、表現活動を行うことが示されている。

(2) 第４学年社会科の目標

社会的事象の見方・考え方を働かせ、学習の問題を追究・解決する活動を通して、次のとおり資質・能力を育成することを目指す。

(1) 自分たちの都道府県の地理的環境の特色、地域の人々の健康と生活環境を支える働きや自然災害から地域の安全を守るための諸活動、地域の伝統と文化や地域の発展に尽くした先人の働きなどについて、人々の生活との関連を踏まえて理解するとともに、調査活動、地図帳や各種の具体的資料を通して、必要な情報を調べまとめる技能を身に付けるようにする。

(2) 社会的事象の特色や相互の関連、意味を考える力、社会に見られる課題を把握して、その解決に向けて社会への関わり方を選択・判断する力、考えたことや選択・判断したことを表現する力を養う。

(3) 社会的事象について、主体的に学習の問題を解決しようとする態度や、よりよい社会を考え学習したことを社会生活に生かそうとする態度を養うとともに、思考や理解を通して、地域社会に対する誇りと愛情、地域社会の一員としての自覚を養う。

(3) 第４学年社会科の内容

内容（1）都道府県の様子

学習の問題を追究・解決する活動を通して、次の事項を身に付けることができるよう指導する。

ア　次のような知識及び技能を身に付けること。

(ｱ) 自分たちの県の地理的環境の概要を理解すること。また、47都道府県の①（　　　　　）を理解すること。

(ｲ) 地図帳や各種の資料で調べ、白地図などにまとめること。

イ　次のような思考力、判断力、表現力等を身に付けること。

(ｱ) 我が国における自分たちの県の位置、県全体の地形や主な産業の②（　　　　　）、交通網や主な都市の位置などに着目して、県の様子を捉え、地理的環境の特色を考え、表現すること。

内容（2）人々の健康や③（　　　　　）を支える事業

学習の問題を追究・解決する活動を通して、次の事項を身に付けることができるよう指導する。

ア　次のような知識及び技能を身に付けること。

(ｱ) ④（　　　　　）、電気、ガスを供給する事業は、安全で安定的に供給できるよう進められていることや、地域の人々の健康な生活の維持と向上に役立っていることを理解すること。

(イ) ⑤（　　　　　）を処理する事業は、衛生的な処理や資源の有効利用ができるよう進められていることや、生活環境の維持と向上に役立っていることを理解すること。
(ウ) 見学・調査したり地図などの資料で調べたりして、まとめること。
イ　次のような思考力、判断力、表現力等を身に付けること。
(ア) 供給の仕組みや経路、県内外の人々の協力などに着目して、飲料水、電気、ガスの供給のための事業の様子を捉え、それらの事業が果たす役割を考え、表現すること。
(イ) 処理の仕組みや再利用、県内外の人々の協力などに着目して、廃棄物の処理のための事業の様子を捉え、その事業が果たす役割を考え、表現すること。

内容の取扱い
・現在に至るまでに仕組みが計画的に改善され公衆衛生が向上してきたことに触れること。
・飲料水、電気、ガスの中から選択して取り上げること。
・ごみ、下水のいずれかを選択して取り上げること。
・節水や節電など自分たちにできることを考えたり選択・判断したりできるよう配慮すること。
・社会生活を営む上で大切な⑥（　　　　）やきまりについて扱うとともに、ごみの減量や水を汚さない工夫など、自分たちにできることを考えたり選択・判断したりできるよう配慮すること。

内容（3）⑦（　　　　　　　　　）から人々を守る活動
学習の問題を追究・解決する活動を通して、次の事項を身に付けることができるよう指導する。
ア　次のような知識及び技能を身に付けること。
(ア) 地域の関係機関や人々は、自然災害に対し、様々な協力をして対処してきたことや、今後想定される災害に対し、様々な備えをしていることを理解すること。
(イ) 聞き取り調査をしたり地図や年表などの資料で調べたりして、まとめること。
イ　次のような思考力、判断力、表現力等を身に付けること。
(ア) 過去に発生した地域の自然災害、関係機関の協力などに着目して、災害から人々を守る活動を捉え、その働きを考え、表現すること。

内容の取扱い
・地震災害、⑧（　　　　）災害、風水害、火山災害、雪害などの中から、過去に県内で発生したものを選択して取り上げること。
・「関係機関」については、県庁や市役所の働きなどを中心に取り上げ、防災情報の発信、避難体制の確保などの働き、自衛隊など国の機関との関わりを取り上げること。
・地域で起こり得る災害を想定し、日頃から必要な備えをするなど、自分たちにできることなどを考えたり選択・判断したりできるよう配慮すること。

内容（4）県内の伝統や文化、⑨（　　　　　　　　　　）
学習の問題を追究・解決する活動を通して、次の事項を身に付けることができるよう指導する。
ア　次のような知識及び技能を身に付けること。
(ア) 県内の文化財や年中行事は、地域の人々が受け継いできたことや、それらには地域の発展など人々の様々な願いが込められていることを理解すること。
(イ) 地域の発展に尽くした先人は、様々な苦心や努力により当時の生活の向上に貢献したことを理解すること。
(ウ) 見学・調査したり地図などの資料で調べたりして、⑩（　　　　）などにまとめること。
イ　次のような思考力、判断力、表現力等を身に付けること。
(ア) 歴史的背景や現在に至る経過、保存や継承のための取組などに着目して、県内の文化財や年中行事の様子を捉え、人々の願いや努力を考え、表現すること。
(イ) 当時の世の中の課題や人々の願いなどに着目して、地域の発展に尽くした先人の具体的事例を捉え、先人の働きを考え、表現すること。

内容の取扱い

・県内の主な文化財や年中行事が大まかに分かるようにすること。
・開発、教育、医療、文化、産業などの地域の発展に尽くした先人の中から選択して取り上げること。
・地域の伝統や文化の保存や継承に関わって、自分たちにできることなどを考えたり選択・判断したりできるよう配慮すること。

内容（5）県内の特色ある地域の様子

学習の問題を追究・解決する活動を通して、次の事項を身に付けることができるよう指導する。

ア　次のような知識及び技能を身に付けること。

(ア) 県内の特色ある地域では、人々が協力し、特色あるまちづくりや⑪（　　）などの産業の発展に努めていることを理解すること。

(イ) 地図帳や各種の資料で調べ、⑫（　　　　）などにまとめること。

イ　次のような思考力、判断力、表現力等を身に付けること。

(ア) 特色ある地域の位置や自然環境、人々の活動や産業の歴史的背景、人々の協力関係などに着目して、地域の様子を捉え、それらの特色を考え、表現すること。

内容の取扱い

・県内の特色ある地域が大まかに分かるようにするとともに、伝統的な技術を生かした⑬（　　）産業が盛んな地域、⑭（　　　）に取り組んでいる地域及び地域の⑮（　　）を保護・活用している地域を取り上げること。その際、地域の⑯（　　）を保護・活用している地域については、自然環境、伝統的な文化のいずれかを選択して取り上げること。
・国際交流に取り組んでいる地域を取り上げる際には、我が国や外国には⑰（　　　）があることを理解し、それを尊重する態度を養うよう配慮すること。

2. 学習指導案の作成

以下は学生が大学２年生時に作成した学習指導案を修正したものである。西生田キャンパスの廃棄物を処理する「王禅寺処理センター」の資料や「川崎市ごみの出し方・分け方パンフレット」を使っての学習指導案作成がとても良くできていて効果的である。

第４学年社会科学習指導案

2019年（令和元年）11月19日（火）5校時
授業者　○○○○
指　導　田部俊充教授

1　単元名　「住みよいくらしをつくる」（全24時間）　小単元名　「ごみのしょりと利用」（全12時間）

2　単元の目標

廃棄物を処理する事業について、処理の仕組みや再利用、県内外の人々の協力などに着目して、見学・調査したり地図などの資料で調べたりしてまとめ、廃棄物の処理のための事業の様子を捉え、その事業の果たす役割を考え、表現することを通して、廃棄物を処理する事業は、衛生的な処理や資源の有効利用ができるよう進められていることや、生活環境の維持と向上に役立っていることを理解できるようにするとともに、学習したことを基にごみの減量のために自分たちが協力できることを考えようとしている。

3　単元の評価規準

ア．知識及び技能	イ．思考力・判断力・表現力等	ウ．主体的に学習に取り組む態度
処理の仕組みや再利用、県内外の人々の協力などについて見学・調査したり地図などの資料で調べたりして、必要な情報を集め、読み取り、廃棄物の処理のための事業の様子について考え表現している。 調べたことを白地図や図表、文などにまとめ、廃棄物を処理する事業は、衛生的な処理や資源の有効利用ができるよう進められていることや、生活環境の維持と向上に役立っていることを理解している。	処理の仕組みや再利用、県内外の人々の協力などに着目して、問いを見いだし、廃棄物の処理のための事業の様子について考え表現している。 処理の仕組みや再利用、県内外の人々の協力などに着目して、問いを見いだし、廃棄物の処理のための事業の様子について考え表現している。	廃棄物を処理する事業について、予想や学習計画を立てたり、見直したりして、主体的に学習問題を追究し、解決しようとしている。 学習したことを基にごみを減らすために、自分たちが協力できることを考えようとしている。

単元について

本単元は、以下の新学習指導要領の第４学年の内容（2）にもとづき設定した。

ア　次のような知識及び技能を身に付けること。
　廃棄物を処理する事業は、衛生的な処理や資源の有効利用ができるよう進められていることや、地域の人々の健康な生活の維持と向上に役立っていることを理解すること。
（ウ）見学・調査したり地図などの資料で調べたりして、まとめること。
イ　次のような思考力・判断力・表現力等を身に付けること。
（イ）処理の仕組みや再利用、県内外の人々の協力などに着目して、廃棄物の処理のための事業の様子を捉え、その事業が果たす役割を考え、表現すること。

本単元の内容項目を受け、授業内では地域のごみ集積場、清掃工場の見学と調査を行いたい。見学にあたって、児童の関心興味を広げるために家庭のごみの出し方を考えることを出発点にし、自分たちの出したごみがどのように集められ、処理されるのかを考えられるようにする。

4　児童の実態

ごみの種類や分別法などについては知っていることも多いと思うが、自分たちの出したごみがどのように処理され、また再利用されているのか興味を持つ児童は少ないように感じる。そこで家庭のごみの出し方を調べたり地域の集積場やマニュアルを調べて気づいたことを話し合ったりし、ごみのゆくえについて興味を持たせた上で、清掃工場に行き、ごみの処理の仕方や再利用の仕組みについて学習させたい。単元の最後には、ごみの処理が抱える問題や課題をまとめて発表し合い、ごみを減らすために自分たちができることを考え積極的に行動を起こしていける児童を育てていきたい。

5　学習指導計画（12時間）

過程	ねらい	○学習活動	◇指導・支援　◆評価→方法＊資料
つかむ	（ア）ごみは生活する中でたくさん出されるものであることを確認するとともに、ごみの分け方や出し方に関心を持ち、調べる意	○家庭ではどんな種類のごみを出しているのか話し合う。また、そのごみをどのように捨てているのか考える。	◇ごみそのものや家庭で出るごみの種類について、児童が考えやすくまた発言をしやすくするために身近な例を与えながら指導に当たっていく。 ◆自分の意見を積極的に発表している、意欲的に話し合いに参加している。［知識及び技能／ワークシート］

	欲を持つ。		＊ワークシート・ごみカード
	（イ）ごみ置き場に出されたごみのゆくえについて考える。	○学校の近くにあるごみ集積場の見学をして気づいたことを話し合い、ごみを分別している理由やごみ出しの決まりについて理解する。	◇児童とともにごみ集積場を見学し、ごみ出しのルールや決まりについて児童の気付きを促すような声かけを行う。 ◆ごみ出しの決まりを理解している。[知識及び技能／ワークシート・発言]
	（ウ）ごみのゆくえを考えることを通して、学習問題や予想、学習計画を立てる。	○ごみのゆくえについて話し合い学習問題をつくり学習計画を立てる。 (学習問題) 分別して出され、収集されたごみはどのようにして処理されるのでしょうか。	◇見学施設についての大枠を事前に理解をしてから見学に臨めるようにする。 ◇学習問題に対する予想を立てる際、教科書の図や写真などを参考にさせたり、本などを見せたりして児童の予想や考えを助言するようにする。 ◆ごみのゆくえを考えることから学習問題や予想、学習計画を考え表現している。[思考・判断・表現／ワークシート・発言] ＊ワークシート・図書資料
調べる	（ア）清掃工場と再生工場を見学し、ごみ処理の様子や工夫を調べる。	○前時で考えた見学で知りたいことに沿って、分かったことをメモしたり疑問に思ったことを質問したりする。	◇児童とともに見学を行い児童の気付きや疑問、学習意欲を促す声かけを行う。 ◆ノート・学習意欲・発言
	（イ）見学を通して、清掃工場の様々な工夫に気付き、それをノートに整理している。	○見学して分かったことを友だちと共有し、ノートにまとめたことを発表する。	◇話し合いの途中にヒントになる言葉を例示したり、資料等を見直すよう助言したりする。 ◆見学を通して、清掃工場の様々な工夫に気付き、それをノートに整理している。 [技能・学びに向かう力／ノート・学習意欲]
	（ウ）ごみを燃やした後の工夫について灰や焼却熱が適切に処理されたり、有効に利用されたりしていることを理解する。	○ごみを燃やした後の灰がどのように処理されるかを調べる。 ○ごみを燃やした時の熱をどのように利用しているかを調べる。	◇児童にとって身近なもの（温水プール）を取り上げながら燃やした後のものを有効に使っていることに気づかせる。 ◆灰の処理や熱の有効利用が計画的になされ、地域の人々の健康な生活や良好な生活環境の維持と向上に役立っていることを理解している。[知識及び技能／ノート・発言] ＊施設のパンフレット
	（エ）資源物や粗大ごみなどのリサイクルについて調べ、資源の有効利用について考える。	○再生工場での見学を思い出したり、パンフレット等を見直したりしながらリサイクルについて調べる。 ○身の回りにあるリサイクルされたものを探したり、リサイクルについて考えたことを話し合ったりする。 ○「ごみ処理の移り変わり」の図と	◇身近なリサイクル製品を考えることを通して、使えるものはもう一度使うという資源の節約・有効性について気づかせる。 ◆ごみの再生や再利用の取り組みが資源の節約や有効利用につながることを考え、表現している。[思考・判

	(オ) 地域が抱えるごみ処理の問題を市はどのように計画的に解決しようと取り組んでいるのかを考える。	「市の人口の変化」のグラフを関連付けて考えたことを話し合う。 ○ごみの処理が抱える新しい問題について調べ、分かったことを発表し合う。 ○新聞記事やニュース映像を用いて、台風などによる「災害ごみ」の処理問題について考える。	断・表現／ノート・発言] ＊資源物に関連する図書資料 ◇川崎市の人口に対してごみの量が少しずつ減っていることに目を向け、背景にある市や人々の働きや努力に気づくことができるように指導する。 ◆市の対策や事業は計画的に進められており、ごみ減量のためには人々の協力が必要であることを考え、表現している。[思考･判断･表現／ワークシート･発言] ＊新聞記事、ニュース映像
まとめる	(ア) 学習したことを模造紙にまとめ、班ごとに発表して交流することを通して、学習問題の解決を図る。(2時間扱い)	○意見交換のため、各班の同じ学習内容担当の人同士が集まって、協力して学習問題に対するまとめを行う。 ○話し合いの後、元の班に戻り意見交換の結果を共有し合う。班で分かったことや疑問をまとめて発表する。 ○友だちの発表や考えを踏まえて、新たに考えたことや単元の感想を最後に個人で行う。	◇まとめをするにあたって重要なワードを黒板にまとめておき、学習内容を振り返りやすくしたり、児童が自分たちの言葉で考えをまとめていけたりするように指導する。 ◆調べたことや友だちの発表を聞いて考えたことを参考にしてごみの処理についての自分の考えをノートにまとめている。 [技能・主体的に学習に取り組む態度／グループ活動への参加意欲・ノート・ワークシート]
いかす	(ア) ごみ減量などの工夫のために私たちのまわりではどのような取り組みが行われているのか考える。 (イ) ごみ減量などのために自分にできることを考え、協力しようとする。	○ごみを減らすために家庭・学校・商店・地域がそれぞれどのような取り組みを行っているかを調べる。 ○ごみを減らすために自分たちにできることを考え、発表し合う。	◇家庭や川崎市、学校などで行っている取り組みに注目させ、自分にできることを見つけさせるようにする。 ◆地域社会の一員として、ごみの処理に関わって自分にできることを考え、ごみ減量等に協力しようとしている。[知識及び技能／ノート･発言]

6　本時について（12時間扱い　第１校時）

(1) 本時の目標

ごみは生活する中でたくさん出されるものであることを確認するとともに、ごみの分け方や出し方に関心を持ち、調べる意欲を持つ。

(2) 本時の展開

	○学習活動　●学習内容	◇指導・支援　◆評価→方法　＊資料
導入 (7分)	●最初に児童が町中で一度は見かけたことがあるごみ収集車を見せ、ごみについて扱う勉強であることを知らせる。 ○「ごみ収集車の動画」を見て、知っていることを発表する。	◇ 動画の解説をしながら、ごみ収集車の役割とごみのゆくえについて興味を持たせる。 ＊スライド①「ごみ収集車の動画」 ◆自分の考えを積極的に発表している、友だちの意見をしっかりと聞こうとしている。
展開 (28分)	●今日のめあてを伝え、家庭ではどんな種類のごみが出されるのか考えさせる。 ［家でのごみの出し方を考えよう］ ○ワークシートに家で出されるごみを書き出し、近くの人と共有する。	◇ごみは生活する中でたくさん出されるものだと気づかせ、児童に身近な「家庭でのごみ」の出し方について考えさせる。 ◆自分の書いたものを発表してもらう、ワークシートでの評価を行う。

	○出されたごみをどのように捨てているのか話し合い、ワークシートに記入する。 ○「お家のごみカード」に書かれたごみを種類ごとに分別して並べる。	◆家庭から出されるごみの種類に関心を持ち、意欲的に話し合っている。 ＊ワークシート ＊スライド②、板書「ごみの種類」 ＊板書「お家のごみカード」
まとめ（10分）	●ごみを捨てるときは分別をして、決められた場所に出すことを読み取る。 まとめ 家ではごみを分別して出す ごみは決められた場所に出す	◇スライドの写真から読み取れることについて説明し、今日のめあてに対するまとめを行う。 ＊スライド③「集積場の写真」

7　TC案（10分）

T：今日から「ごみの処理と利用」という勉強に入ります。最初に動画を見ます。動画の中に車が何台か登場するので車に注目して見てくださいね。（PP：授業者が王禅寺処理センター近くで撮影したごみ収集車の動画を見せる―見せながら動画の解説）

T：さあ、今見た車見たことある人？　じゃあ車の名前分かるかな？

C：ごみ収集車です！　家の近くで見たことある！

T：おっ！　よく知っていたね！　そうです。これはごみ収集車と言います。何台もの車が行き来していてとても忙しそうだったね。実はね、ごみ収集車は私たちの出すごみを集めて運ぶ仕事をしています。今日からは、そんなみんなが毎日出しているごみのゆくえについて一緒に学習していきたいと思います。私たちの出したごみはどこに運ばれるのかどうやって処理されるのか考えながら勉強していこうね。

T：さあ、さっそく今日はこんなことを考えたいと思います。ではみんなで今日のめあてを読みましょう。（板書：めあて）

C：「家でのごみの出し方を考えよう」

T：はい、ではまずワークシートを配ります。ワークシートの１番を見てください。今日は最初の授業なので、みんなにとって身近なお家のごみについて考えてみましょう。お家ではたくさんのごみが毎日出ますよね。そこでみんなのお家ではどんなごみを出しているのか書いてください。一つ先生が例を出しておきました。先生は牛乳パックと書きました。

・・・では発表してくれる人！

C：野菜の皮とか卵の殻とかの生ごみとお菓子の袋です。（Tは黒板にお家のごみカードを貼る）

C：プリンの容器とジャムの瓶です。（Tは黒板にお家のごみカードを貼る）

T：ありがとう！　今たくさんのごみをあげてもらいました。では次の質問です。これを捨てるときはどのように捨てていますか。全部同じごみ箱でいいのかな？　ごみ箱が一杯になったらどうするのかな？　じゃあ、先生が今言ったことをヒントにしながら少し近くの人と話し合ってみてください。考えたことをワークシートの２番に書いてね。

・・・では教えてくれる人！

C：ごみの種類が違うから別の袋に入れて分けて捨てています。

C：家の近くにごみを置くところがあるから、朝そこに出しています。

T：ありがとう。○○さんは朝ごみ捨てのお手伝いをしているんだね。えらいね！　さあ、今「分けないといけない」って○○さんが教えてくれました。では、黒板にあるこのお家のごみカードはどうやって分けたらいいかな？　ワークシートの３番に書いてみよう。

・・・では分けたのを教えてください。（児童に前に出て分けてもらう）

T：ありがとう。では、答え合わせをする前にスライドをみてください。（板書：ごみの種類）実は、ごみはこんなにたくさんの種類に分けることができます。ごみには色々な種類があることが分かるね。じゃあ分けてくれたのをスライドの絵も見ながら、みんなで答え合わせしてみよう。これは？

C：生ごみ！　プラスチック！　びん！　です。（Tは板書の種類表にカードを貼っていく）

T：みんなできたかな？　このようにごみを種類別に分けることを、これからはごみを「分ける」

とは言わないでごみを「分別する」と言います。覚えてくださいね！

８　参考文献

・『小学校学習指導要領　社会編』文部科学省、2019
・http://www.cjc.or.jp/j-school/a/a-2.html 小学生のための環境リサイクル学習ホームページ（最終閲覧日　2019/10/24）
・https://ten.tokyo-shoseki.co.jp/text/shou/shakai/data/shakai keikaku s 4 3.pdf 新しい社会　年間指導計画作成資料【4 年】
・「王禅寺処理センター、王禅寺エコ暮らし環境館見学・パンフレット」
・川崎市ごみの出し方・分け方パンフレット

解答

①名称と位置　②分布　③生活環境　④飲料水　⑤廃棄物　⑥法　⑦自然災害　⑧津波　⑨先人の働き　⑩年表　⑪観光　⑫白地図　⑬地場　⑭国際交流　⑮資源　⑯資源　⑰国旗

（田部　俊充）

第５節　小学校第５学年社会科の目標及び内容と模擬授業づくり

1. 第５学年社会科の学習指導要領の目標・内容（『小社解説』70ページを参照）

(1) 改訂のポイント

第５学年社会科は、(1) 我が国の国土の様子と国民生活、(2) 我が国の農業や水産業における食料生産、(3) 我が国の工業生産、(4) 我が国の産業と情報との関り、(5) 我が国の国土の自然環境と国民生活との関連、の５つの内容から構成されている。

内容（２)、内容（３)、内容（４）は産業学習とも呼び、日本の第一次産業、第二次産業、第三次産業の現状を把握する。内容（４）は今後の発展の見込まれる産業と情報の関りを、販売、運輸、観光、医療、福祉などにかかわる産業から一つ選択し学習するようになった。日本の産業構造は諸外国に比べて製造業を中心とするものづくり中心であるが、IT（情報技術）関連や医療・看護・介護などの分野にシフトするときである、といわれている（日本経済新聞 2020 年５月８日)。世界的な動向や技術革新の変化に対応させ、日本の産業の持続的な発展を担う児童を育てることも重要であると考える。

(2) 第５学年社会科の目標

社会的事象の見方・考え方を働かせ、学習の問題を追究・解決する活動を通して、次のとおり資質・能力を育成することを目指す。

(1) 我が国の国土の地理的環境の特色や産業の現状、社会の情報化と産業の関わりについて、国民生活との関連を踏まえて理解するとともに、地図帳や地球儀、統計などの各種の基礎的資料を通して、情報を適切に調べまとめる技能を身に付けるようにする。

(2) 社会的事象の特色や相互の関連、意味を多角的に考える力、社会に見られる課題を把握して、その解決に向けて社会への関わり方を選択・判断する力、考えたことや選択・判断したことを説明したり、それらを基に議論したりする力を養う。

(3) 社会的事象について、主体的に学習の問題を解決しようとする態度や、よりよい社会を考え学習したことを社会生活に生かそうとする態度を養うとともに、多角的な思考や理解を通して、我が国の国土に対する愛情、我が国の産業の発展を願い我が国の将来を担う国民としての自覚を養う。

(3) 第５学年社会科の内容

内容（1）我が国の①（　　　）の様子と国民生活

我が国の国土の様子と国民生活について、学習の問題を追究・解決する活動を通して、次の事項を身に付けることができるよう指導する。

ア　次のような知識及び技能を身に付けること。

(ｱ) 世界における我が国の国土の位置、国土の構成、領土の範囲などを大まかに理解すること。

(ｲ) 我が国の国土の地形や気候の概要を理解するとともに、人々は自然環境に適応して生活していることを理解すること。

(ｳ) 地図帳や地球儀、各種の資料で調べ、まとめること。

イ　次のような思考力、判断力、表現力等を身に付けること。

(ｱ) 世界の②（　　　）と主な海洋、主な国の位置、海洋に囲まれ多数の島からなる国土の構成などに着目して、我が国の国土の様子を捉え、その特色を考え、表現すること。

(ｲ) 地形や気候などに着目して、国土の自然などの様子や自然条件から見て特色ある地域の人々の生活を捉え、国土の自然環境の特色やそれらと国民生活との関連を考え、表現すること。

内容の取扱い

・「領土の範囲」については、竹島や北方領土、尖閣諸島が我が国の固有の領土であることに触れること。
・地図帳や地球儀を用いて、方位、緯度や経度などによる位置の表し方について取り扱うこと。
・「主な国」については、③（　　　　）についても扱うようにし、近隣の諸国を含めて取り上げること。その際、我が国や諸外国には国旗があることを理解し、それを尊重する態度を養うよう配慮すること。
・「自然条件から見て特色ある地域」については、地形条件や気候条件から見て特色ある地域を取り上げること。

内容（2）我が国の農業や④（　　　　）における食料生産

我が国の農業や水産業における食料生産について、学習の問題を追究・解決する活動を通して、次の事項を身に付けることができるよう指導する。

ア　次のような知識及び技能を身に付けること。

(ｱ) 我が国の食料生産は、自然条件を生かして営まれていることや、国民の食料を確保する重要な役割を果たしていることを理解すること。

(ｲ) 食料生産に関わる人々は、生産性や品質を高めるよう努力したり輸送方法や販売方法を工夫したりして、良質な食料を消費地に届けるなど、食料生産を支えていることを理解すること。

(ｳ) 地図帳や地球儀、各種の資料で調べ、まとめること。

イ　次のような思考力、判断力、表現力等を身に付けること。

(ｱ) 生産物の種類や分布、生産量の変化、輸入など外国との関わりなどに着目して、食料生産の概要を捉え、食料生産が国民生活に果たす役割を考え、表現すること。

(ｲ) 生産の工程、人々の協力関係、技術の向上、輸送、価格や費用などに着目して、食料生産に関わる人々の工夫や努力を捉え、その働きを考え、表現すること。

内容の取扱い

・食料生産の盛んな地域の具体的事例を通して調べることとし、⑤（　　　）のほか、野菜、果物、畜産物、⑥（　　　　）などの中から一つを取り上げること。
・消費者や生産者の立場などから多角的に考えて、これからの農業などの発展について、自分の考えをまとめることができるよう配慮すること。

内容（3）我が国の⑦（　　　）生産

我が国の工業生産について、学習の問題を追究・解決する活動を通して、次の事項を身に付けることができるよう指導する。

ア　次のような知識及び技能を身に付けること。

(ｱ) 我が国では様々な工業生産が行われていることや、国土には工業の盛んな地域が広がっていること及び工業製品は国民生活の向上に重要な役割を果たしていることを理解すること。

(ｲ) 工業生産に関わる人々は、消費者の需要や社会の変化に対応し、優れた製品を生産するよう様々な工夫や努力をして、工業生産を支えていることを理解すること。

(ｳ) 貿易や運輸は、原材料の確保や製品の販売などにおいて、工業生産を支える重要な役割を果たしていることを理解すること。

(ｴ) 地図帳や地球儀、各種の資料で調べ、まとめること。

イ　次のような思考力、判断力、表現力等を身に付けること。

(ｱ) 工業の種類、工業の盛んな地域の⑧（　　　）、工業製品の改良などに着目して、工業生産の概要を捉え、工業生産が国民生活に果たす役割を考え、表現すること。

(ｲ) 製造の工程、工場相互の協力関係、優れた技術などに着目して、工業生産に関わる人々の工夫や努力を捉え、その働きを考え、表現すること。

(ｳ) 交通網の広がり、外国との関わりなどに着目して、貿易や運輸の様子を捉え、それらの役割を考え、表現すること。

内容の取扱い

・工業の盛んな地域の具体的事例を通して調べることとし、⑨（　　　）工業、機械工業、化学工業、食料品工業などの中から一つを取り上げること。

・消費者や生産者の立場などから多角的に考えて、これからの工業の発展について、自分の考えをまとめることができるよう配慮すること。

内容（4）我が国の産業と情報との関り

我が国の産業と情報との関りについて、学習の問題を追究・解決する活動を通して、次の事項を身に付けることができるよう指導する。

ア　次のような知識及び技能を身に付けること。

(ｱ) 放送、⑩（　　　）などの産業は、国民生活に大きな影響を及ぼしていることを理解すること。

(ｲ) 大量の情報や情報通信技術の活用は、様々な産業を発展させ、国民生活を向上させていることを理解すること。

(ｳ) 聞き取り調査をしたり映像や新聞などの各種資料で調べたりして、まとめること。

イ　次のような思考力、判断力、表現力等を身に付けること。

(ｱ) 情報を集め発信するまでの工夫や努力などに着目して、放送、新聞などの産業の様子を捉え、それらの産業が国民生活に果たす役割を考え、表現すること。

(ｲ) 情報の種類、情報の活用の仕方などに着目して、産業における情報活用の現状を捉え、情報を生かして発展する産業が国民生活に果たす役割を考え、表現すること。

内容の取扱い

・「放送、新聞などの産業」については、それらの中から選択して取り上げること。その際、情報を有効に活用することについて、情報の送り手と受け手の立場から多角的に考え、受け手として正しく判断することや送り手として責任をもつことが大切であることに気付くようにすること。

・情報や情報技術を活用して発展している販売、運輸、⑪（　　　）、医療、福祉などに関わる産業の中から選択して取り上げること。その際、産業と国民の立場から多角的に考えて、情報化の進展に伴う産業の発展や国民生活の向上について、自分の考えをまとめることができるよう配慮すること。

内容（5）我が国の国土の自然環境と国民生活との関連

我が国の国土の自然環境と国民生活との関連について、学習の問題を追究・解決する活動を通して、次の事項を身に付けることができるよう指導する。

ア　次のような知識及び技能を身に付けること。

(ｱ) 自然災害は国土の自然条件などと関連して発生していることや、自然災害から国土を保全し国民生活を守るために国や県などが様々な対策や事業を進めていることを理解すること。

(ｲ) ⑫（　　　）は、その育成や保護に従事している人々の様々な工夫と努力により国土の保全など重要な役割を果たしていることを理解すること。

(ｳ) 関係機関や地域の人々の様々な努力により公害の防止や生活環境の改善が図られてきたことを理解するとともに、公害から国土の環境や国民の健康な生活を守ることの大切さを理解すること。

(ｴ) 地図帳や各種の資料で調べ、まとめること。

イ　次のような思考力、判断力、表現力等を身に付けること。

(ｱ) 災害の種類や発生の⑬（　　　）や時期、防災対策などに着目して、国土の自然災害の状況を捉え、自然条件との関連を考え、表現すること。

(ｲ) 森林資源の⑭（　　　）や働きなどに着目して、国土の環境を捉え、森林資源が果たす役割を考え、表現すること。

(ｳ) 公害の発生時期や経過、人々の協力や努力などに着目して、公害防止の取組を捉え、その働きを考え、表現すること。

内容の取扱い

・地震災害、⑮（　　　）災害、風水害、火山災害、雪害などを取り上げること。
・⑯（　　）の汚染、水質の汚濁などの中から具体的事例を選択して取り上げること。
・国土の環境保全について、自分たちにできることなどを考えたり選択・判断したりできるよう配慮すること。

2. 学習指導案の作成

以下は学生が大学２年生時に作成した学習指導案を修正したものである。グローバル化の進展にともない、学習指導要領改訂でも「我が国の47 都道府県の名称と位置」とともに「世界の大陸と主な海洋の名称と位置」については、学習内容と関連付けながら、その都度、世界地図や地球儀などを使って確認するなどして、小学校卒業までに身に付け活用できるように工夫して指導することが求められている。

ここでは2016 年にブラジルのリオデジャネイロで開催された五輪の閉会式のなかで登場した日本の国旗と国歌の動画を扱い、児童に世界への関心を持たせていることを評価したい。

教室の掲示物として世界地図、教具として地球儀を常備することは必須ではないだろうか。

第５学年　社会科学習指導案

20 ××年４月×日（×）第２校時
対象：第５学年〇組（32 名）
授業者：

１　教科書　新しい社会５年上（東京書籍）

２　単元　世界の中の国土（全４時間）

３　単元の指導目標

我が国の国土の様子について、世界の大陸と主な海洋、主な国の位置、海洋に囲まれ多数の島からなる国土の構成などに着目して、地図帳や地球儀、各種の資料で調べ、まとめることで我が国の国土の様子をとらえ、その特色を考え、表現することを通して、世界における我が国の国土の位置、国土の構成、領土の範囲などを大まかに理解できるようにするとともに、主体的に学習問題を追究・解決しようとする態度を養う。

４　小単元の評価規準

ア．知識・技能	イ．思考力・判断力・表現力	ウ．主体的に学習に取り組む態度
ア－①世界の大陸と主な海洋、主な国の位置、海洋に囲まれ多数の島からなる国土の構成などについて地図帳や地球儀、各種の資料で調べて必要な情報を集め読み取り、我が国の国土の様子を理解している。 ア－②調べたことを図表や文などにまとめ、世界における我が国の国土の位置、国土の構成、領土の範囲などを大まかに理解している。	イ－①世界の大陸と主な海洋、主な国の位置、海洋に囲まれ多数の島からなる国土の構成などに着目して、問いを見出し、我が国の国土の様子について考えを表現している。	ウ－①我が国の国土の様子について、予想や学習計画を立てたり、学習を振り返ったりして、学習問題を追究し、解決しようとしている。

5　指導観

（1）単元について

本単元は第５学年社会科の内容（１）を受けて設定し、本小単元では内容（１）ア－(ｱ)(ｳ)、イ－(ｱ)を扱う。

> (1) 我が国の国土の様子と国民生活について、学習の問題を追究・解決する活動を通して、次の事項を身に付けることができるよう指導する。
> ア　次のような知識及び技能を身に付けること。
> (ｱ) 世界における我が国の国土の位置、国土の構成、領土の範囲などを大まかに理解すること。
> (ｳ) 地図帳や地球儀、各種の資料で調べ、まとめること。
> イ　次のような思考力、判断力、表現力等を身に付けること。
> (ｱ) 世界の大陸と主な海洋、主な国の位置、海洋に囲まれ多数の島からなる国土の構成などに着目して我が国の国土の様子を捉え、その特色を考え、表現すること。

本単元では、地図帳や地球儀、各種資料で調べ、まとめ、我が国の国土の様子を捉え、その特色を考え、表現することを通して、世界の中における我が国の国土の位置、国土の構成、領土の範囲等を大まかに理解する。指導の過程では、地球儀の使い方を学び、世界の主な海洋や大陸、日本の位置、国土の構成について理解する。そして、それらに着目して調べ、我が国の国土の様子について考察し表現する。また、各国には国旗があることに気づかせる。

（2）児童の実態について

前学年までに、47都道府県や自分たちの住む身近な地域や市、都道府県について学んでいる。その際は、すでにまとめられている資料を提示して調べ学習を行ったり、教師が設定したフィールドワークをし、それらのようすを体感したりした。本単元では、調べる力のレベルアップを図るため、地球儀や地図などシンプルな情報源を用いて調べる活動に重きをおく。

本時では、世界の様々な国について扱う。児童は世界の国々について、各々の関心から断片的に知っている場合が多い。例えば、「サッカーが強い国」とか「ピザやパスタはイタリア！」、「オーストラリアにはコアラやカンガルーがいる」などである。しかし、世界の国々について白地図の上で名称や位置などを一致させることはできない。調べ学習を通して、各国の名称や位置と持っているイメージをつなげるとともに、新しい一面も発見してほしい。主な国のようすについては、フィールドワークが難しいため、写真や動画、音楽などを用いて体感してほしい。

（3）教材について

内容（１）ア－(ｱ)(ｳ)を受け、地球儀や地図を用いて調べる活動に重きをおきたい。また、内容（１）イ－(ｱ)を受けては、調べる活動の中で、緯線・経線、陸地・海洋、方位、距離などを使った表し方ができるように示していく。

主な国については、名称、位置に加えて、写真や動画を多く使いその国の様子を実感ができるようにする。我が国の位置と領土については、領土の重要性を理解させるにあたって、沖ノ鳥島を扱いたい。

本単元は、第５学年社会科の最初の単元にあたる。授業において、力をつけることはもちろん、今後の社会科の学習に前向きになるよう、疑問を見つけて解決し新しいことを知る楽しさを感じさせたい。そのため、「気づいたこと」「疑問に思ったこと」を出し合って、答えを探していくスタイルをとりたい。

6　学習指導計画（４時間扱い）

過程	時数	めあて	学習活動	指導上の留意点	評価 （評価方法）
つかむ	1	○世界の中の日本 （教科書 pp.8 ～ 9） 地球の様子や地図を見て話し合い、世界の中の日本について学習問題をつくろう。	・地球儀の使い方や地図との違いを知る。 ・世界の主な大陸や海洋を確認する。 ・日本の位置を確認し、世界の広がりとの関係について気づいたことや考えたことを発表し、学習問題をつくる。 ・学習計画をたてる。	・最初に、地球儀の見かた、使い方を指導する。（緯線・経線、陸地・海洋、方位、距離の計測） ・大陸や海洋の位置や形、大きさなどに注目し、地球上の大陸や海洋の広がりを捉えさせたい。	イ－①（ノート、発言） ウ－①（ノート、発言）
調べる	2 本時	○世界の国々と日本の位置 （教科書 pp.10 ～ 11） 世界の国々と日本の位置や国旗、様子について調べよう。	・世界の国の場所や国旗、様子、日本との位置関係などについて地図帳や地球儀で調べながら、線でつないだり、国名を空欄に書き入れたりする。 ・書き込んだ地図を基に、気付いたことや思ったことを話し合う。	・写真にも着目させ、それぞれの国の風土や文化の特色にも興味をもたせる。 ・それぞれの国の映像や音楽なども提示し、各国の様子を体感できるようにする。	ア－①（教科書への書き込み、ワークシート）
	3	○多くの島からなる日本 （教科書 pp.12 ～ 13） 日本の国土はどのような特色があるのか調べよう。	・地図や写真から、日本の国の広がりや日本のまわりの国々を調べ、気づいたことを話し合う。 ・国土の広がりの特色について話し合う。	・東西南北の端となる島に着目し、距離を測ったり、隣接する海洋・国などを地図から読み取ったりする活動を通して、島国としての国土の広がりの特色を捉えさせたい。	イ－①（ノート、発言）
	4	○領土をめぐる問題 （教科書 p.14） 日本の領土の範囲はどのようになっているのか調べよう。	・地図や写真から、日本の領土・領海の範囲を確認する。 ・地図や写真、本文から領土の範囲をめぐる問題について理解する。	・「領土」ということばをしっかり確認し、日本には領土をめぐる問題があることに気づかせたい。 ・領土の問題については、解決策などまでは深入りせず、概要や位置の確認にとどめる。	ア－①（ノート、発言）
まとめる		（教科書 p.15） 日本の国土の特色についてまとめよう。	・これまでに調べたことを表にまとめて振り返り、日本の国土の特色についてまとめる。	・調べたことと考えたことが混同しないように整理させる。	ア－②（ノート）

7　本時の指導（全４時間中の第２時）

（1）本時の指導目標

地図や地球儀を活用して、世界の主な国々の名称や位置、国旗について調べまとめることができる。

（2）本時の展開

学習過程	○学習内容・学習活動	◎指導上の留意事項 ☆評価規準
つかむ	○日本の国旗について理解する。 ○世界地図から日本を探し、位置を示す。	◎リオ五輪閉会式の映像で、日本の国旗と国歌を登場させる。 https://youtube/sk6uU8gb8PA ◎位置の示し方については、前時までに学んだ緯度経度だけでなく、近隣の国々からも示せるようにし、調べ学習につなげる。
調べる	世界の国々と日本の位置や国旗、様子について調べよう。	
	○地図帳や地球儀を使って、教科書に記載のある国々を中心に、名称や位置、国旗を調べ、地図に書き込む。（教科書“やってみよう”） ○国名の入っている国は、位置を調べ、線でつなぐ。 ○国名がないものは、国名を調べ、書き込む。 ○自分が知っている国や、興味のある国1か国について調べ、ワークシートに記入する。 ○地図に書き込んだことや、調べた国々について発表して、気づいたことを話し合う。	◎国名は正式名称を確認するようにする。 ◎どの国の国旗にも大切な意味や由来があり、自国はもちろん各国の国旗を尊重する必要があることを示す。 ◎発表の際は、写真や動画などの資料を示し、児童が各国のようすをつかめるようにする。 ☆評価規準ア - ①（教科書への書き込み、ワークシート）
まとめる	○話し合いから、調べてつかんだことをまとめる。	◎国を調べる際に使ったワークシートを追加で配布し、授業後に児童がほかの国についても自由に調べられるようにする。
	世界の中の大陸や島には、たくさんの国々があり、それぞれに国旗がある。	

（3）板書計画

4/×　◎世界の国々とわが国の位置

世界の大陸や島には、どこにどのような国があるか、
それぞれの国の国旗や様子とともに調べてみよう。

日本

大韓民国

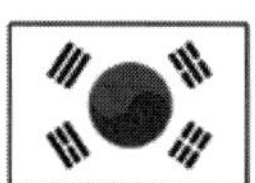

教科書 p.10 見開き
拡大図

まとめ
世界の中の大陸や島には、たくさんの国々があり、それぞれに国旗がある。

（4）パワーポイント（PP）計画

リオデジャネイロオリンピック　閉会式

何があらわれるかな？
流れている音楽はなんだろう？

https://youtu.be/sk6uU8gb8PA?t=76

1

やってみよう（教科書　10ページ）

①国名の入っている国は、位置を調べる。
②国名がないものは国名を調べる。
③自分が知っている国や好きな国、
知りたい国を１か国調べる。
（ワークシート）

6

8　ＴＣ案（模擬授業　８分間）

Ｔ：早速ですが、動画を見てみましょう。
（PP 1 【NHK リオ】2020 へ期待高まる！トーキョーショー　1:20 ～ 1:43　https://youtu.be/sk6uU8gb8PA）

Ｔ：真ん中に現れたのは、日本の国旗、それから流れていた音楽は日本の国歌　君が代です。この国旗に注目したいのですが…（PP 2　日本国旗）日本の国旗このデザインにはどんな意味があるか知っていますか？

Ｃ：日の丸という言い方をするから、太陽を表しているのだと思います。

Ｔ：お、鋭いですね。日本の国旗のことを、日の丸という時もありますよね。いま、発表してくれたように、日本の国旗は、白地に太陽が赤く輝いている様子を表しています。

Ｔ：さて、前回の授業では、地球儀の使い方を学んで、この、日の丸の日本がどこにあるのか探しました。今日は、こんなものを持ってきましたよ。（世界地図を貼る）
世界地図です。同じものが教科書の 10 ページにあるので、開きましょう。
日本はどこでしょうか？前回までに学んだ方法で教えてください。ヒント出しておくね。（PP 3　国の位置の示し方）

Ｃ：はい！えっと、北緯 40 度、東経 140 度のあたりです。

Ｔ：ありがとう。見てみましょう。北緯が 40 度、この線と、東経が 140 度、この線ですね。お、ありました！
　ほかには、日本の位置を示す方法はあるかな？？

C：ユーラシア大陸すぐそばです。東側！
T：そうですね。ユーラシア大陸の東側にあります。日本は島国なので、大陸とは陸続きになってはいませんね。ほかには日本の位置を示す方法、ありますか？手元の地球儀を使ってもいいですよ。
C：近くには、韓国や中国があります。
T：みなさん、地球儀を見てみましょう。韓国や中国の近くに日本、ありますか？
C：東側にあります！
T：よし、だいぶ国の位置を示せるようになってきましたね。ばっちりです。
さて、今、韓国とか中国という国の名前がでてきましたね。実は、韓国とか中国という言い方は正式ではありません。韓国は、「大韓民国」というのが正式な国の名前です。これはなんだ？（PP 4　韓国国旗）
C：見たことある！韓国の国旗かな？
T：正解です。これは大韓民国の国旗です。古くから信じられ、大切にされている教えを図にしたもので、真ん中の円は宇宙を表しているのだって。
C：ほかの国にも国旗があって、意味があるんだね。
C：中国の国旗、知っています。赤い中に星がある旗ですよね。
T：よく知っていますね。これが中国の国旗です。（PP 5　中国国旗）中国は「中華人民共和国」というのが正式な名前です。
C：え、ながいなぁ。中華料理の中華だね。
T：そうだね。ほかの国々とはいろいろなところでつながりがあります。
ということで、今日のめあてはこちらです。（めあてをはる）
「世界の国々と日本の位置や国旗、様子について調べよう。」
教科書の地図の周りには様々な国の国旗や写真が示されています。今日はこれらの国について、地球儀や地図帳を使って調べていきましょう。それから、今からワークシートを配るので、ここにない国についても一人1か国調べてみてください。
　やり方は、教科書の「やってみよう」に書いてあるので、一緒に確認します。

――調べ方を確認し、地球儀や地図帳を使って調べ学習をする（PP 6　やってみよう）――

T：では、教科書にある国から、調べたことをみんなで教えあっていきましょう。まずは、左上のこの国、行ってみましょう。（PP 7　フランス国旗・エッフェル塔）
C：国名を調べました。フランスです！
T：はい、そうです。こちらはフランス共和国です。青、白、赤の三色の国旗ですね。
C：パン屋さんの看板についているのを見たことがあります。フランスパンのフランスだ！
T：そうですね。それからこの建物は「エッフェル塔」です。フランスの首都パリのシンボルですね。

――発表を続ける――

T：今日はたくさんの国々が登場しました。一つひとつ、詳しく見ていくことはできなかったのが、ちょっと残念です。
C：もっといろんな国を調べたいな。
T：そうだよね。今日使ったワークシート、まだたくさんあるので、配ります。図書館やインターネットで自由に好きな国を調べてみてください。もし、表にあること以外にも調べられたら、裏に書いておいてもいいですよ。

９　ワークシート案（Ｂ５版）

◎世界の国々と日本の位置

国調べをしよう

組　名前＿＿＿＿＿＿＿＿＿＿＿＿

○国名＿＿＿＿＿＿＿＿＿＿＿＿

○位置＿＿＿＿＿＿＿＿＿＿＿＿

○国旗

○その他

10　参考文献

・『小学校学習指導要領（平成29年告示）解説　社会編』、文部科学省、2017。
・『新しい社会　５上』、東京書籍、2019、pp.6 ～ 15。
・『「新しい社会」年間指導計画作成資料　５年』、東京書籍、2020。
・『教育科学　社会科教育　４月号』、明治図書、2018、pp.62 ～ 65。
・『教育科学　社会科教育　８月号』、明治図書、2018、pp.30 ～ 32。
・YouTube　【NHK リオ】2020へ期待高まる！トーキョーショー　https://youtu.be/sk6uU8gb8PA
・世界地図・世界の国旗　世界の国旗　https://www.abysse.co.jp/world/flag/

解答

①国土　②大陸　③名称　④水産業　⑤稲作　⑥水産物　⑦工業　⑧分布　⑨金属　⑩新聞　⑪観光
⑫森林　⑬位置　⑭分布　⑮津波　⑯大気

（田部　俊充）

第６節　小学校第６学年社会科の目標及び内容と模擬授業づくり

1. 第６学年社会科の学習指導要領の目標・内容（『小社解説』97ページを参照）

(1) 改訂のポイント

第６学年社会科は、「我が国の政治の働き」、「日本の歴史」、「世界の中の日本」の３つの内容から構成されている。歴史学習の前に政治学習を先習することが今回の改訂のポイントとなる。

「我が国の政治の働き」はさらに、「国会などの議会政治や選挙の意味」、「国会と内閣と裁判所の三権の相互関連」、「裁判員制度や租税の役割」、「国や地方公共団体の政治」を扱う。

「日本の歴史」は、「卑弥呼、聖徳太子・・・」をはじめとする人物の働きや文化遺産を中心に歴史上の主な事象を選んで進めていく。中学校での歴史的分野の「社会的事象の歴史的見方・考え方」とのつながりを考え、ここでは歴史に対する興味・関心をもたせ、歴史を学ぶ大切さに気づくことが必要である。

「世界の中の日本」では世界に目を向け、世界の人々の生活、世界が抱える現代的な課題を理解する。

(2) 第６学年社会科の目標

第６学年社会科の（１）「知識及び技能」、（２）「思考力、判断力、表現力等」、（３）「学びに向かう力、人間性等」の目標は以下の通りである。

⑴ 我が国の政治の考え方と仕組みや働き、国家及び社会の発展に大きな働きをした先人の業績や優れた文化遺産、我が国と関係の深い国の生活やグローバル化する国際社会における我が国の役割について理解するとともに、地図帳や地球儀、統計や年表などの各種の基礎的資料を通して、情報を適切に調べまとめる技能を身に付けるようにする。

⑵ 社会的事象の特色や相互の関連、意味を多角的に考える力、社会に見られる課題を把握して、その解決に向けて社会への関わり方を選択・判断する力、考えたことや選択・判断したことを説明したり、それらを基に議論したりする力を養う。

⑶ 社会的事象について、主体的に学習の問題を解決しようとする態度や、よりよい社会を考え学習したことを社会生活に生かそうとする態度を養うとともに、多角的な思考や理解を通して、我が国の歴史や伝統を大切にして国を愛する心情、我が国の将来を担う国民としての自覚や平和を願う日本人として世界の国々の人々と共に生きることの大切さについての自覚を養う。

(3) 第６学年社会科の内容

内容（１）政治の働き

我が国の政治の働きについて、学習の問題を追究・解決する活動を通して、次の事項を身に付けることができるよう指導する。

ア　次のような知識及び技能を身に付けること。

㋐ 日本国憲法は国家の理想、天皇の地位、国民としての権利及び義務など国家や国民生活の基本を定めていることや、現在の我が国の民主政治は日本国憲法の基本的な考え方に基づいていることを理解するとともに、①（　　　）、行政、司法の三権がそれぞれの役割を果たしていることを理解すること。

㋑ 国や地方公共団体の政治は、国民主権の考え方の下、国民生活の安定と向上を図る大切な働きをしていることを理解すること。

㋒ 見学・調査したり各種の資料で調べたりして、まとめること。

イ　次のような思考力、判断力、表現力等を身に付けること。

㋐ 日本国憲法の基本的な考え方に着目して 我が国の民主政治を捉え , 日本国憲法が国民生活に果たす役割や、国会、内閣、②（　　　　）と国民との関わりを考え、表現すること。

㋑ 政策の内容や計画から実施までの過程、法令や予算との関わりなどに着目して、国や地方公共団体の政治の取組を捉え、国民生活における政治の働きを考え、表現すること。

内容の取扱い

国会などの議会政治や選挙の意味、国会と内閣と裁判所の三権相互の関連、③（　　　　　）制度や租税の役割などについて扱うこと。その際、国民としての政治への関わり方について多角的に考えて、自分の考えをまとめることができるよう配慮すること。

「天皇の地位」については、日本国憲法に定める天皇の国事に関する行為など児童に理解しやすい事項を取り上げ、歴史に関する学習との関連も図りながら、天皇についての理解と敬愛の念を深めるようにすること。また、「国民としての権利及び義務」については、④（　　　　）権、納税の義務などを取り上げること。

「国や地方公共団体の政治」については、社会保障、自然災害からの復旧や復興、地域の開発や活性化などの取組の中から選択して取り上げること。

「国会」について、国民との関わりを指導する際には、各々の国民の⑤（　　　　）に関心をもち、我が国の社会や文化における意義を考えることができるよう配慮すること。

内容（2）日本の歴史

日本の歴史について、学習の問題を追究・解決する活動を通して、次の事項を身に付けることができるよう指導する。

ア　次のような知識及び技能を身に付けること。その際、我が国の歴史上の主な事象を手掛かりに、大まかな歴史を理解するとともに、関連する先人の業績、優れた文化遺産を理解すること。

(ｱ) 狩猟・採集や農耕の生活、古墳、大和朝廷（大和政権）による統一の様子を手掛かりに，むらからくにへと変化したことを理解すること。その際、神話・伝承を手掛かりに、国の形成に関する考え方などに関心をもつこと。

(ｲ) 大陸文化の摂取、大化の改新、大仏造営の様子を手掛かりに、天皇を中心とした政治が確立されたことを理解すること。

(ｳ) 貴族の生活や文化を手掛かりに、日本風の文化が生まれたことを理解すること。

(ｴ) 源平の戦い、鎌倉幕府の始まり、元との戦いを手掛かりに、武士による政治が始まったことを理解すること。

(ｵ) 京都の室町に幕府が置かれた頃の代表的な建造物や絵画を手掛かりに、今日の生活文化につながる室町文化が生まれたことを理解すること。

(ｶ) キリスト教の伝来、織田・豊臣の天下統一を手掛かりに、戦国の世が統一されたことを理解すること。

(ｷ) 江戸幕府の始まり、参勤交代や鎖国などの幕府の政策、身分制を手掛かりに、武士による政治が安定したことを理解すること。

(ｸ) 歌舞伎や浮世絵、国学や蘭学を手掛かりに、町人の文化が栄え新しい学問がおこったことを理解すること。

(ｹ) 黒船の来航、廃藩置県や四民平等などの改革、文明開化などを手掛かりに、我が国が明治維新を機に欧米の文化を取り入れつつ近代化を進めたことを理解すること。

(ｺ) 大日本帝国憲法の発布、日清・日露の戦争、条約改正、科学の発展などを手掛かりに、我が国の国力が充実し国際的地位が向上したことを理解すること。

(ｻ) 日中戦争や我が国に関わる第二次世界大戦、日本国憲法の制定、オリンピック・パラリンピックの開催などを手掛かりに、戦後我が国は民主的な国家として出発し、国民生活が向上し、国際社会の中で重要な役割を果たしてきたことを理解すること。

(ｼ) 遺跡や文化財、地図や年表などの資料で調べ、まとめること。

イ　次のような思考力、判断力、表現力等を身に付けること。

(ｱ) 世の中の様子、人物の働きや代表的な文化遺産などに着目して、我が国の歴史上の主な事象を捉え、我が国の歴史の展開を考えるとともに、歴史を学ぶ意味を考え、表現すること。

内容の取扱い

児童の興味・関心を重視し、取り上げる人物や⑥（　　　　）遺産の重点の置き方に工夫を加えるなど、精選して具体的に理解できるようにすること。その際、アの（サ）「昭和の時期の学習で身に付ける事項」の指導に当たっては、児童の発達の段階を考慮すること。
国宝、重要文化財に指定されているものや、⑦（　　　　　）遺産に登録されているものなどを取り上げ、我が国の代表的な文化遺産を通して学習できるように配慮すること。
次に掲げる人物を取り上げ，人物の働きを通して学習できるよう指導すること。

卑弥呼、聖徳太子、小野妹子，中大兄皇子、中臣鎌足、聖武天皇、行基、鑑真，藤原道長、紫式部、清少納言、平清盛、源頼朝、源義経、北条時宗、足利義満、足利義政、雪舟、ザビエル、織田信長、豊臣秀吉、徳川家康、徳川家光、近松門左衛門、歌川広重、本居宣長、杉田玄白、伊能忠敬、ペリー、勝海舟、西郷隆盛、大久保利通、⑧（　　　）孝允、明治天皇、福沢諭吉、大隈重信、板垣退助、伊藤博文、陸奥宗光、東郷平八郎、⑨（　　　）寿太郎、野口英世

「神話・伝承」については、古事記、日本書紀、風土記などの中から適切なものを取り上げること。また、アの（イ）～（サ）当時の世界との関わりにも目を向け，我が国の歴史を広い視野から捉えられるよう配慮すること、アの（シ）については年表や⑩（　　　　　）など資料の特性に留意した読み取り方についても指導することが示されている。
歴史学習全体を通して、我が国は長い歴史をもち伝統や文化を育んできたこと、我が国の歴史は政治の中心地や世の中の様子などによって幾つかの時期に分けられることに気付くようにするとともに、現在の自分たちの生活と過去の出来事との関わりを考えたり、過去の出来事を基に現在及び将来の発展を考えたりするなど、歴史を学ぶ意味を考えるようにすることが大切である。

内容（3）世界の中の日本

世界の中の日本について、学習の問題を追究・解決する活動を通して、次の事項を身に付けることができるよう指導する。
ア　次のような知識及び技能を身に付けること。
(ｱ) 我が国と経済や文化などの面でつながりが深い国の人々の生活は、多様であることを理解するとともに、スポーツや文化などを通して他国と交流し、異なる文化や習慣を尊重し合うことが大切であることを理解すること。
(ｲ) 我が国は、平和な世界の実現のために国際連合の一員として重要な役割を果たしたり、諸外国の発展のために援助や協力を行ったりしていることを理解すること。
(ｳ) 地図帳や地球儀、各種の資料で調べ、まとめること。
イ　次のような思考力、判断力、表現力等を身に付けること。
(ｱ) 外国の人々の生活の様子などに着目して、日本の文化や習慣との違いを捉え、国際交流の果たす役割を考え、表現すること。
(ｲ) 地球規模で発生している課題の解決に向けた連携・協力などに着目して、国際連合の働きや我が国の国際協力の様子を捉え、国際社会において我が国が果たしている役割を考え、表現すること。

内容の取扱い

我が国の国旗と国歌の意義を理解し、これを尊重する態度を養うとともに、諸外国の国旗と国歌も同様に尊重する態度を養うよう配慮すること、我が国とつながりが深い国から数か国を取り上げること。その際、児童が１か国を選択して調べるよう配慮すること、我が国や諸外国の伝統や文化を尊重しようとする態度を養うよう配慮すること、が示されている。
世界の人々と共に生きていくために大切なことや、今後、我が国が国際社会において果たすべき

役割などを多角的に考えたり選択・判断したりできるよう配慮することが大切である。

網羅的、抽象的な扱いを避けるため,「国際連合の働き」については、ユニセフや⑪（　　　　）の身近な活動を取り上げること、「我が国の国際協力の様子」については、教育、医療、⑫（　　　　）などの分野で世界に貢献している事例の中から選択して取り上げることも示されている。

2. 学習指導案の作成

以下は学生が大学２年生時に作成した学習指導案を修正したものである。本時（1時間目）の単元の導入では子どもの問題意識を高めるために原爆ドームの写真に着目させ、「原爆ドームがこわれたまま保存されているのはなぜか考えよう」という学習問題づくりにつなげている。

授業全体でICTの活用を重視させているが、この授業でもNHK for schoolの動画画像（4分間）を上手に導入して戦争の様子を実感的につかませている。

また適切な著作、論文で学んだことが「深い学び」の学習につながっている。

特に評価したいのが川崎市平和館へのフィールドワークである。関連施設を訪問し、資料見学を行い、職員の方への取材を行ったことは、児童への指導にあたって実感のこもった授業となるであろう。

第６学年社会科学習指導案

日　時：2020（令和２）年12月○日（火）２校時
場　所：○○○小学校３年○組
児童数：30名（男子15、女子15名）
授業者：山本風音　　印

１　単元名　「日本の歴史」（全72時間）
小単元名「長く続いた戦争と人々のくらし」（全７時間）

２　単元の目標

我が国の歴史上の主な事象について世の中の様子や人物の働き、代表的な文化遺産に着目して、遺跡や文化財、地図や年表などの資料で調べてまとめ、歴史の展開を考え表現することを通して日中戦争や我が国に関わる第二次世界大戦などを手掛かりに、我が国と中国との戦いが全面化したことや連合国との戦いによる敗戦、広島・長崎への原爆投下など大きな被害を受けたことなどを理解できるようにする。また歴史から学んだ過去の出来事を今日の自分たちの生活や社会にどのように生かしていくかなど国家及び社会の発展を考えようとする。

３　単元の評価規準

ア．知識及び技能	イ．思考力・判断力・表現力	ウ．学びに向かう力・人間性
ア－①世の中の様子、人物の働きや代表的な文化遺産などについて、遺跡や文化財、地図や年表などの資料で調べ、日中戦争や我が国に関わる第二次世界大戦などを理解している。 ア－②調べたことを年表や文などにまとめ、我が国と中国との戦いが全面化したことや、連合国との戦いによる敗戦、広島・長崎への原爆投下など大きな被害を受けたことなどを理解している。	イ－①世の中の様子、人物の働きや代表的な文化遺産などに着目して、問いを見いだし、日中戦争や我が国に関わる第二次世界大戦などについて考え表現している。 イ－②日中戦争や我が国に関わる第二次世界大戦などを関連付けたり総合したりして、我が国の政治や国民生活が大きく変わったことを考えたり、学習してきたことを基に歴史を学ぶ意味について考えたりして、適切に表現している。	ウ－①日中戦争や我が国に関わる第二次世界大戦などについて、予想や学習計画を立てたり、見直したりして、主体的に学習問題を追究し、解決しようとしている。 ウ－②学習してきたことを基に過去の出来事と今日の自分たちの生活や社会との関連や、歴史から学んだことをどのように生かしていくかなど国家及び社会の発展を考えようとしている。

4　単元について

本単元は、以下の新学習指導要領第6学年の内容（2）にもとづき設定した。

(2) 我が国の歴史上の主な事象について、学習の問題を追究・解決する活動を通して、次の事項を身に付けることができるよう指導する。
ア　次のような知識及び技能を身に付けること。その際、我が国の歴史上の主な事象を手掛かりに、大まかな歴史を理解するとともに、関連する先人の業績、優れた文化遺産を理解すること。
（サ）日中戦争や我が国に関わる第二次世界大戦、日本国憲法の制定、オリンピック・パラリンピックの開催などを手掛かりに、戦後我が国は民主的な国家として出発し、国民生活が向上し、国際社会の中で重要な役割を果たしてきたことを理解すること。
イ　次のような思考力、判断力、表現力等を身に付けること。
（ア）世の中の様子、人物の働きや代表的な文化遺産などに着目して、我が国の歴史上の主な事象を捉え、我が国の歴史の展開を考えるとともに、歴史を学ぶ意味を考え、表現すること。

5　児童の実態

普段、児童が「戦争」や「平和」について考えるという機会はほとんどないだろう。終戦から74年がたち、今ではもう、「実際に戦争を経験した」という人が少なくなっている。私たちは、戦争からは遠い生活を送っているのだ。そのため、児童にとって戦争を具体的に考えたり想像したりすることは難しいことなのである。

そこで本単元を通し、過去に起きた悲惨な出来事として真摯に受け止めさせ、戦争がいかに恐ろしいものであるかを理解させたい。そして、これからの世の中を担っていく子どもたちが「二度と戦争を繰り返してはならない」ということを強く感じとり、世界の平和に目を向けるきっかけとなることを目指す。

6　学習指導計画（7時間）

○本時の展開

	時	ねらい	主な学習活動	◇指導・支援　◆評価　＊資料
つかむ	1 本時	〈世界文化遺産の原爆ドーム〉 原爆ドームが世界遺産になった理由や戦争中の人々の生活について話し合い、長く続いた戦争が日本や外国に与えた影響に関する学習問題をつくる。	・沖縄戦や広島・長崎への原爆投下の被害を学び、原爆ドームが世界文化遺産になった理由を考えたり、年表と関連づけて長く続いた戦争や当時の人々の生活について話し合ったりして、学習問題をつくる。	◆長く続いた戦争が日本や外国にどのような影響を与えたのか学習問題を考え、予想している。イ－①・ウ－① ◇15年間という長さを児童の年齢（12歳）と比較させる。長い期間戦争していることを確認した上で日本や外国の様子を考えるようにさせる。 ＊世界遺産や原爆ドームの写真
調べる	2	〈中国との戦争が広がる〉 我が国が不況の打開や満州での権益を守るために戦場を中国各地に広げ、中国の人々に大きな被害を与えたことがわかる。	・満州事変、日中戦争を起こした理由や戦争の広がりについて調べる。	◆地図や年表など資料で中国との戦争がどのような戦争だったのかについて必要な情報を読み取る。ア－①　＊地図・年表 ◇日中戦争前の社会の様子や戦争の内容など調べる視点を確認しながら進める。
	3	〈戦争が世界に広がる〉 太平洋戦争にかかわる各種資料を活用し、日本の戦争の広がりについて調べ、まとめる。	・当時の世界の様子を調べる。 ・日本の戦争の広がりを調べる。	◆戦場となったアジア、太平洋の地域の地図や資料で日本の戦争の広がりについて、情報を適切にまとめることができる。ア－②　＊地図・資料 ◇内容が多岐にわたるため資料を絞って提示する。

	4	〈すべてが戦争のために〉 戦時中の生活の様子について、聞き取りや資料を活用して調べたことをもとに、自分の考えを持つ。	・戦争中の生活の様子について調べ、自分なりに考えたことをまとめる。	◆戦争中の生活について聞き取りや資料から調べたことをもとに、戦争についての自分の考えを表現することができる。イ－② ◇調べの内容が多いのでグループで分担し、学びあうような形態にする。
	5	〈空襲で日本の都市が焼かれる〉 空襲による被害で、兵士以外にも多くの国民が日本各地で犠牲になったことがわかる。	・東京大空襲の想像図や空襲の写真、空襲を受けた都市の地図などを調べて、わかったことや考えたことを話し合う。 ・東京大空襲を体験した元木さんの話から、被害について考え、話し合う。	◆本土が空襲されたことにより国民が大きな被害を受けたことを理解する。ア－① ◇空襲被害はイラストなどで理解させ、そこから地図や資料などへつなげる。
	6	〈原爆投下と戦争の終わり〉 沖縄戦、広島・長崎への原爆の投下により、多くの人々が犠牲になって敗戦を迎えたことがわかる。	・沖縄戦の写真や手記などをもとに調べ、わかったことを話し合う。 ・原爆投下や玉音放送を聞く人々の写真などを見て、わかったことや考えたことを話し合う。	◆戦争によって国民が大きな被害を受けたことや戦場になったアジアや太平洋地域に大きな損害を与えたことを理解している。ア－① ＊沖縄戦写真、玉音放送音源 ◇玉音放送や沖縄戦など難しい単語が多いためイラストや写真などで丁寧な指導を心がける。
まとめる	7	〈まとめる〉 学習問題の答えを出し、学習全体を通した戦争に対する自分の考えを表現する。	・それぞれの場所における戦争の影響や、当時の人々の生活について、調べたことをワークシートの図に整理する。	◆対馬丸や自分たちの地域の犠牲者について興味・関心を持って調べている。ウ－② ◇子どもたちが戦争に巻き込まれ犠牲者がたくさん出たことをつかませた上で犠牲者に関係する碑などを調べさせる。

7　本時について（1/7）

○本時のねらい

原爆ドームが世界遺産になった理由や戦争中の人々の生活について話し合うことを通して、長く続いた戦争が日本や外国に与えた影響に関する学習問題をつくる。

	学習活動	指導・支援	資料	評価→評価方法
導入5分	①金閣寺や日光東照宮などの有名な世界遺産をいくつか見た後、原爆ドームの写真を提示し、壊れたまま世界遺産として保存されている理由について考える。	・日本の様々な世界遺産の写真をクイズ方式で提示して、関心を高める。	・世界遺産の画像 ・原爆ドームの写真・地図	
展開30分	原爆ドームがこわれたまま保存されているのはなぜか考えよう ②被爆前、被爆後、現在の３枚の原爆ドームの写真を比較し、戦争で建物が壊されたことを理解する。 ③戦争の動画を見て、気づきや考えをワークシートに記入し、発表する。 ④平和記念資料館の館長さんの話を読み、原爆ドームが世界文化遺産になった理由を理解する。	・被爆による当時の被害や、現在は原爆ドームの周りの土地が整理されていることなどに気づかせる。 ・「負の遺産」としての役割を果たす原爆ドームの大切さを理解させる。 ・15年間という長さを児童の年齢（12歳）と比較させ、長い	・ワークシート ・戦争についての動画	当時の様子や、残された原爆ドームから、人々の思いや願いを理解し、自分なりに考えを持つことができる。イ－① →ワークシート・発表

	⑤年表と関連づけて、戦争や当時の人々の生活について話し合う。	期間戦争していることを確認させ日本や外国の様子を考えるようにさせる。	・年表（拡大）	
まとめ 10分	⑥今日学んだことや発見したこと、疑問に感じたことをワークシートに記入して発表する。 ⑦川崎市平和館について紹介する。	・児童が自ら課題を設定し、学んでいけるように気づきや疑問を引き出す。	・ワークシート	学んだことから新たな疑問を見つけ、学習問題を追究しようとしている。ウ－① →ワークシート

8　TC 案

T：今日から新しい単元に入ります。では、ちょっとクイズを出します。電子黒板に注目しましょう。（世界遺産の画像を提示）　さあ一問目、この建物はなんだ。C：金閣寺。

T：正解です。室町時代の文化で出てきましたね。これは京都府にある金閣寺または鹿苑寺といいます。二問目、これはなんだ。C：日光東照宮。栃木県。修学旅行で行った。

T：そうですね。この前の修学旅行で見てきたから分かるよね。徳川家康が祀られていたよね。（厳島神社や首里城なども見せる。）

T：実は、これらは全て世界遺産として世界中から大切にされているものたちです。これらの建物って今は綺麗な状態だけど、例えば、金閣寺は室町時代につくられているので結構古いですよね。じゃあこれって何もしなくても綺麗に保てるものなのかな。C：違う。

T：実は古くなって脆くなったり台風とかで被害を受けたりしたら修復作業といって丈夫にしているんです。首里城も焼けてしまったから修復についてのニュースがやってました。では次に見せるこれも世界遺産なんです。（原爆ドームの写真を提示）　これはどうなっているかな。C：壊れている。

T：それはどうしてだろう。3 枚の写真から考えてみましょう。（3 枚の写真の特徴を聞く）これは何によって壊されたのかな。

C：　A 地震。　B 火事。　C 戦争。

T：これは広島県にある原爆ドームという建物です。（地図の提示）　いま言ってくれたように昔戦争によって破壊されてしまいました。では戦争がどのようなものだったのか少し見てみましょう。（https://www.nhk.or.jp/syakai/dokiri/?das_id=D0005120250_00000）4 分間

T：当時の戦争の様子はどうだったかな。

C：建物が壊されていた。何もなかった。子どもが国のために働いていた。こわい。

T：これは今から 70 年以上昔の日本の様子です。戦争の様子を見てみて、原爆ドームはなぜこわれたまま世界遺産に登録されているのか考えてみよう。

9　板書計画

長く続いた戦争と人々のくらし

【めあて】原爆ドームが壊れたまま保存されているのはなぜか考えよう。

動画からわかったこと
・子どもが国のために働いていた
・戦争は怖い
・爆弾を落とされた
・建物がこわれている
・がれきがある

ワークシート

長く続いた戦争と人々のくらし

動画を見て当時の戦争の様子でわかったことを書きましょう。

私の発見・私の疑問

◆ 文献 ◆

【著書】 横川嘉範（1997）：原爆を子どもにどう語るか．高文研, pp.129-197.

【論文】 瀬戸崎典夫・内田武志・長濱 澄（2017）：異質性を有する他者との関わりから学ぶ平和教育の実践, 日本教育工学会論文誌, pp.197-200.

【現地訪問・資料見学・職員の方への取材・パンフレット】 川崎市平和館（武蔵小杉駅より徒歩 10 分）
http://www.city.kawasaki.jp/shisetsu/category/21-21-0-0-0-0-0-0-0-0.html

銅像：川崎市平和館前設置
「核兵器廃絶平和都市宣言」

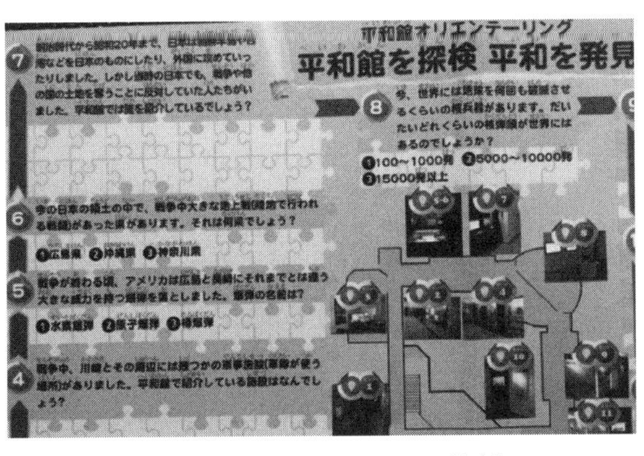

平和館オリエンテーション資料
（子どもの平和教育向け）

〈職員の方からの
聞き取り〉
川崎市は、昔から重化学工業が発展していたため、戦争に使う兵器などが多く生産されていた。したがって、空襲の際には標的となり、被害を受けたのである。

解答

①立法　②裁判所　③裁判員　④参政　⑤祝日　⑥文化　⑦世界文化　⑧木戸　⑨小村　⑩絵画　⑪ユネスコ　⑫農業

（田部　俊充）

第2章

◆

実 践 編

第１節　小学校社会科におけるフィールドワーク

1.「フィールドワーク」とは？

フィールドワークとは、「観察・聞き取り調査などにより必要な情報を収集する野外での調査活動」のことであり、地理学を始めとする野外科学における基本的な研究方法として重視されてきた。小学校の社会科学習では「まちたんけん」や「社会科見学」などの野外での学習活動が行われてきたが、本稿ではこれらの野外での学習活動を「フィールドワーク」と総称し、小学校社会科で行われているフィールドワーク実践を整理するとともに、フィールドワークの指導力を育成するために筆者が実践してきた教科教育法の授業内容のいくつかを紹介することにしたい。

社会科におけるフィールドワークの意義については、これまで多くの研究者によって論じられてきたが、これらの研究を踏まえて池（2012）はフィールドワークの意義を次のように整理している。①子どもの学習意欲を高め、学習課題を持たせやすい、②地域的特色をつかむ方法を習得しやすい、③地域を比較するための「ものさし」を形成できる、④地理的スキルを習得しやすい、⑤子どもの貧弱化した原体験を補完しうる、の５点である。さらに、竹内（2019）は、⑥地域再生・創造の一翼を担いうる、⑦地域に生きる子どもの自己形成を促す、の２点を加え、現代社会が直面する深刻な地域（社会）問題や、地域に生きる子どもたちが抱える様々な課題の克服を図るうえでのフィールドワークの意義を論じている。

これらは社会科学習にとってのフィールドワークの意義を整理したものであるが、特に①⑤⑥⑦は社会科という教科の枠組みを超え、学校教育全体にとってフィールドワークが大きな役割を果たし得る活動であることを示している。特に、子どもが地域社会の一員としての意識をもち、積極的に地域の課題解決に向けた活動に参加して行くことは、学校全体で目指されるべき課題であり、身近な地域（学区）や市町村内で行われるフィールドワークのもつ意味はきわめて大きい。小学校では、社会科・理科・生活科等の教科学習だけでなく、総合的な学習の時間、遠足、移動教室など教科外の活動においてもフィールドワークが導入されることが多いが、それもフィールドワークの持つこうした教育的な意義が評価された結果として理解できよう。

2. フィールドワークの実施状況

フィールドワークの実施状況については、地域や学校による差異も大きいと推測されるが、本稿では村野（2018）が東京都足立区の小学校教員（49 校 53 名）を対象に行った校外学習に関するアンケート調査の結果をもとに、その実態を明らかにして行きたい。

村野（2018）によれば、校外学習は教科学習（生活科・社会科）や、遠足・移動教室などの特別活動において行われているが、その中でも最も多く校外学習が行われているのが社会科学習である。特に第３学年の社会科では、身近な地域や市（区）町村を対象に学習が進められるため、「社会科見学」「まちたんけん」といった名称で多様なフィールドワークが実施されている。例えば、身近な地域における土地利用や地形の違いについて学習する「まちたんけん」は、多くの学校で実施されている。また、地域の人々の生産や販売の様子を学習する目的で、野菜を栽培する農家を訪れてインタビューを行ったり、スーパーマーケット・市場・工場などの施設を見学したりする活動も多く、３学年では小学校社会科の中でも最も多様なフィールドワークが行われている。また、調査時の学習指導要領では第３・４学年の目標・内容がまとめて示されていたため、「地域の伝統と文化や地域の発展に尽くした先人の働き」に関する学習（現在は第４学年）の一環として、第３学年で郷土資料館・博物館を見学する学校も多くなっている。

同様に、子どもの居住する市（区）町村および都道府県を対象に「飲料水・電気・ガスの確保や廃棄物の処理」や「地域社会の防災や事故防止」について学習する第４学年でも、関係する施設の見学等のフィールドワークが多く実施されている。具体的には、清掃工場・消防署・警察署等の施設の見学が行われ、施設の所在地は足立区外にも広がるようになる。

写真１「まちたんけん」で観察する子どもたち

写真２「社会科見学」の様子（食品工場）

第５学年では、いわゆる産業学習が進められる。都市部にある足立区では、自動車工場・製鉄所・食品工場などの工業生産に関する施設の見学や、情報産業としての放送局・新聞社の見学が多く行われる。その一方で、農業・水産業といった食料生産に関する施設を訪れる学校は皆無であり、フィールドワークの対象の選択には、かなり地域性が反映されていることが分かる。

最後に第６学年では、ほとんどの学校で社会科見学が実施されており、その中心は国会議事堂の見学となっている。政治学習に役立つ国会・裁判所の見学と合わせて、江戸城（皇居）や「昭和館」の見学など、歴史学習を視野に入れた見学を実施している学校も見られる。

小学校社会科では、学習指導要領において「見学・調査したり地図などの資料で調べたりして、まとめること」が重視され、特に第３・４学年では身近な地域や市（区）町村を対象とした「観察活動」や聞き取り調査等の「調査活動」の実施が強く求められているため、当然ながらフィールドワークの実施率が高くなる。また、第５・６学年では学習対象地域が日本全国に拡大するが、産業学習・歴史学習・政治学習においても教科書等を中心とした学習だけでは子どもの理解を深めることが難しい。また、学習指導要領でも「見学・調査」や「各種の資料を調べてまとめること」が重視されているため、高学年でも社会科見学を中心とするフィールドワークが実施されていることが分かる。したがって、小学校の社会科学習においては、地域調査や社会科見学を始めとするフィールドワークが、かなり多く実施されていると言えよう。

ところが、中学校・高校におけるフィールドワークの実施状況は、小学校とは大きく異なる。中学校では社会科地理的分野に「身近な地域の調査」の単元が置かれ、少なくとも学習指導要領のレベルではフィールドワークの実施が必須とされてきた。しかし、宮城県内の中学校教員（67校128名）を対象にアンケート調査を実施した宮本（2009）によれば、野外に出かけることなく地形図の読図指導のみで授業を済ませている教員は約75％にのぼる。フィールドワークを実施しない理由として、「事前の準備や実施に関わる時間の確保の困難さ」を多くの教師が挙げており、部活動の指導、生徒指導、進路指導等に多くの時間が割かれ、教科指導のための時間を十分に確保しにくい中学校の実態が浮き彫りにされている。特に、高校入試では「身近な地域の調査」の出題は現実的には難しく、地形図の読図能力を問う問題が出題される程度である。そのため、教室での読図指導さえ行っていれば入試対策に支障がないと考える教師が多く、それがフィールドワークの実施率の低迷に拍車をかけている（池，2012）。

一方、高校地理歴史科の「地理」科目の学習指導要領においても生徒の「生活圏」を対象とする地域調査の実施が求められているが、実際には高校におけるフィールドワークの実施率は低い。例えば、池・福元（2014）は神奈川県内の高校の地理担当教員（86校124名）を対象としたアンケート調査の結果をまとめているが、フィールドワークを実施している教員は全体の21％にとどまっていた。その理由としては、①過密な教育課程や入試準備などによる授業時間の不足、校務の多忙化による準備時間の確保の難しさ等の時間的な制約、②校外へ生徒を引率するための出張手続きの煩雑さ、③「地理」の選択科目化に伴う学校・学年行事を利用したフィールドワークの減少、などが挙げられる。学習指導要領の改訂により2022年度から「地理総合」が地理歴史科の新たな必履修科目となるが、「地理総合」においても「生活圏の調査」の実施が強く求められており、今後のフィールドワークの実施率の向上が期待されている。

以上のように、小学校社会科では「社会科見学」や「まちたんけん」等のフィールドワークが比較的多く実施されているものの、中学校・高校ではフィールドワークの実施率がきわめて低いのが現状である。すなわち、フィールドワークを小学校時代にしか経験しないまま社会に出る人たちが数多く存在するというのが現実なのである。それだけに、小学校時代に行われるフィールドワークを通じて、フィールドワークの基礎的な方法を身につけ、現実社会に直接触れる貴重な機会を提供する意義は大きいと言えよう。小学校の社会科学習が、そのような重要な役割を担っていることを教師として十分に認識しておく必要がある。

しかし、小学校ではフィールドワークの実施率は高いものの、その指導を苦手とする教師も多いと言われている。これらの教師の場合、野外での授業は行うものの、方位・地図記号等の形式的なスキルの指導や目的の不明確な野外活動に終始するケースが多く、フィールドワークの形骸化が危惧されている（池，2012）。こうした問題点を克服するためにも、まず教師自らがフィールドワークを経験して、その意義や方法を学び、フィールドワークの指導法に関する知識やスキルを高めてゆく必要があろう。

3. フィールドワークの類型

社会科で行われてきたフィールドワークには、実際には多様な活動が包含されてきた。例えば、バス等を利用して主要な施設を見てまわる「社会科見学」、教師が中心となり現地において主要な地理的・歴史的事象を説明したり観察を行ったりする「巡検（エクスカーション）」、教師が課題設定等を行う「教師主体の地域調査」、さらには「生徒主体の地域調査」に至るまで、フィールドワークの内容は多岐にわたっている。これまでのフィールドワークの分類は、こうした「活動面」に着目した区分が一般的であったが、筆者らはより「学習プロセス」に着目した区分が必要であると考え、「見学型フィールドワーク」「作業型フィールドワーク」「探究型フィールドワーク」の3つにフィールドワークを類型化することを提唱した（池ほか，2020）。

1つ目の「見学型フィールドワーク」は、いわゆる「巡検（エクスカーション）」や「社会科見学」に相当する。案内者のガイドに従いながら観察したり解説を聞いたりするもので、子どもはその内容をノートにとるよう指導される。教師の説明が主となるため、子どもの主体的な活動は望めないが、比較的実施がしやすいことから、小学校から高校に至るまで一般的に利用されてきた。社会科では、地域の課題の解決を目指す探究学習が行われる事例が多いが、子どもたちは最初から適切な「課題」を発見できる訳ではない。そのため、どのような点に着目すれば課題を見出せるのかを学ぶプロセスが重要となるが、その有効な方法の1つとして活用されてきたのが「見学型フィールドワーク」である。「見学型フィールドワーク」では、教師によって様々な地理的・歴史的事象の意味が説明されるが、そのような経験を重ねることにより、いかなる点に着目すれば課題を発見できるのかを子どもたちは理解しやすくなる。「見学型フィールドワーク」が単元の導入部において活用されることが多いのも、こうした理由による所が大きい。

2つ目の「作業型フィールドワーク」は、案内者のガイドや誘導はありつつも、子どもが地図の作成やインタビュー等の作業に主体的に取り組むものである。ただし、子どもが活動する際の視点や目的については教師が構想する点に特徴がある。小学校の社会科では、野外で観察したり調べたりした内容を地図に表現しながらまとめる作業が一般的に行われるが、それは作業を組み込むことにより子どもの関心を高めやすく、また調べた内容の全体像を把握することが容易となるからである。こうしたメリットを最大限に活かすことができるのが「作業型フィールドワーク」である。

3つ目の「探究型フィールドワーク」は、その名の通り探究プロセスを重視するフィールドワークで、野外と教室内での活動を交互に展開する比較的長期にわたる学習が想定されている。まず、個人で資料の収集を行う段階を経て、少人数のグループでの発表・共同作業を通じて情報を共有し、子どもたち自らが課題設定を行う。教師は子どもたちに対してアドバイス等の支援は行うが、内容の判断や課題の設定は子どもの関心にそって行われ、自らの仮説を調査活動によって実証することが目指される。前述の「作業型フィールドワーク」が内容志向であるのに対し、「探究型フィールドワーク」では学習のプロセスを志向する点に両者の違いが見られ、子どもが主体となった探究学習の重要部分として位置づけられる。

フィールドワークの3つの類型を実施の容易さという観点から見ると、教師の高い指導力と子どもの情報収集・分析能力が必要とされる「探究型フィールドワーク」のハードルが最も高い。最初から「探究型フィールドワーク」の実施を目指すのは現実的とは言えず、特に小学校では「見学型フィールドワーク」や「作業型フィールドワーク」から始める必要があろう。最終的には「探究型フィールドワーク」の実施が目標とされるべきではあるが、もちろん「見学型フィールドワーク」や「作業型フィールドワーク」の価値が低いということでは決してない。子どもの発達段階や各学校における実施環境に合わせて、最も適したタイプのフィールドワークを選択することが重要である。また、これらの類型区分はあくまでフィールドワークの特徴を把握するための目安であり、実際には各類型の中間的なタイプのフィールドワークも多い。したがって、３つの類型に過度に縛られることなく、柔軟に活動内容を計画することが望ましい。

4.「まちたんけん」の実際

社会科の学習は、第３学年の「身近な地域の様子」の単元から始められる。一般的には「学校のまわりの様子」や「まちの様子」といった単元名で授業が行われ、その中に「まちたんけん」と呼ばれる身近な地域を対象としたフィールドワークが組み込まれることが多い。この単元では、実際のフィールドワークを通して「身近な地域の様子を大まかに理解」すること、すなわち地形、土地利用、交通の広がりなどに着目して身近な地域の全体的な特色を把握することが目指される。社会科の入門期に行われる学習であるため、社会科学習への子どもの関心を高め、社会科の基礎的なスキルを身につける上でも、きわめて重要な単元として位置づけられている。そこで、「身近な地域の様子」の授業実践の事例を紹介する中で、具体的な「まちたんけん」の進め方について説明して行きたい。

第１表は、吉田和義氏が実践した「学校のまわりのようす」の単元計画である（吉田，2012）。全体で 11 時間扱いの単元であるが、屋上での方位ごとの景観観察（第１時）から始まり、第２時には通学路や学校の周りの様子を子どもに地図で表現してもらい、それをもとに第３・４時で学区域の地図を見ながら学校の周りの様子を調べる計画を立てさせている。

こうした準備段階を経て行われるのが、第５～７時の「町たんけん」である。町たんけんでは、まず学校近くの通りと幹線道路について１分間に通る自動車の台数を比較させている。その後、幹線道路の様子を観察し、道路沿いにコンビニ・飲食店・自動車販売店などの店舗が多いことに気づかせ、携行している「探検カード」にある白地図に子どもたちが店を記入して行く。さらに、旧道・新道の道幅や交通量を比較させ、旧道沿いの庚申塔や田畑の存在にも気づかせている。このように、商店が多く分布する地域、交通量の多い地域、田畑の多い地域など、身近な地域に見られる地域差を子どもたちが観察活動によって認識し、身近な地域の様子を大まかに理解することができるようなコース設定をすることが「まちたんけん」の重要なポイントとなる。

第１表　単元の計画「学校のまわりのようす」

時	主な学習活動・内容	資料・地図・留意点等
1	○屋上で方位を知り、主な公共施設や建造物の場所をとらえる。	東西南北体操をする。
2	○通学路や学校の周りの様子を思い出し、地図に表現する。	B4 の白紙に地図を描く。
3 4	○学区域の地図を見ながら、学校の周りの様子を調べる計画を立て、学習問題を作る。	学区域の地図 指旅行をする。
5 6 7	○学校の周りの探検をする。	探検カード 学区域の地図
8 9 10	○探検で観察したことをまとめ、地図に表現する。	模造紙 店・家・田などを表す色画用紙
11	○地図をもとに調べて分かったことを発表する。	子どもが作った地図 指示棒　自分人形

その後、第8～10時ではフィールドワークで観察した内容を地図に表現する活動が、また第11時では作成した地図をもとに調べた内容を発表する活動が設定されている。地図の作成に当たっては、各グループに予め主要道路と鉄道を記入した模造紙を配布し、店は赤、田は緑、住宅は黄といったように色画用紙を白地図に貼り付けてゆき、完成した地図を見れば身近な地域の中の地域差が明確に分かるように工夫されている。このように、フィールドワークの結果を地図に表現することで、身近な地域の全体像を子どもが把握しやすくなるのである。

吉田氏の実践は、全体として見れば「作業型フィールドワーク」に区分されるが、実際の町たんけんは教師が子どもたちを引率しながら観察・説明を行う「見学型フィールドワーク」と同じ形態で実施されている。それに対し、ある教科書で紹介されている「まちたんけん」では、フィールドワークで調べたいことを話し合い、調べること（土地の様子、たてものの様子、交通の様子）を決めた後、「駅のまわりコース」と「土地の高い所とひくい所コース」の2つのグループに分かれてフィールドワークを行い、観察した内容やインタビューした内容を地図にまとめさせている。そして、2つのコースの地図をつなげて身近な地域の全体図を完成させ、その地図を見ながら身近な地域の場所による特徴を把握する、という手順で授業が進められ、典型的な「作業型フィールドワーク」の形態がとられている。したがって、実際の授業で用いられるフィールドワークの形態は、子どもの実態や地域の状況に応じて柔軟に決めるべきものであり、3つの類型区分に無理に当てはめてフィールドワークを計画する必要はない。

5. 地域を見る眼をやしなう

小学校でフィールドワークを実践するためには、教師がフィールドワークの意義を理解し、適切な指導スキルを習得していることが必要とされる。しかし、前述したように中学校・高校におけるフィールドワークの実施率は低く、フィールドワークの魅力や有効性を十分に認識しないまま教壇に立つ若手教師が多くなっている。そのような理由から、筆者は担当する教科教育法の授業の中で、大学周辺を対象とした見学型フィールドワークを実施してきた。このフィールドワークの目的は、日ごろ何気なく生活している地域の中に、実は社会科の授業のテーマとなる素材が数多く存在することを学生たちに気づかせ、地域を見る眼の基礎をやしなってもらうことにある。屋外に出る解放感もあり、フィールドワークは学生たちには概ね好評のようである。

筆者が勤務する早稲田大学は、武蔵野台地を神田川が侵食した谷の斜面に位置するため、1時間半の授業時間内で周れるコースは神田川流域が中心となる。このフィールドワークのテーマは3つあるが、第1は地形と土地利用の関係についてである。神田川流域には「肥後細川庭園」など江戸時代の大名屋敷に起源をもつ公園・庭園が多い。これらの庭園では、台地斜面の下部の湧水を回遊式庭園の池水として利用しており、湧水の存在が大名屋敷の場所の選定に大きな影響を与えていた。このような説明をすることで、現在でも地形と土地利用には密接な関係があることを知ることができる。

第2のテーマは、川と人間生活との関わりについてである。江戸川公園には日本最古の都市水道として知られる神田上水の取入口である大洗堰の跡が残っている。この神田川の水は神田・日本橋

写真3　印刷工場とフォークリフト

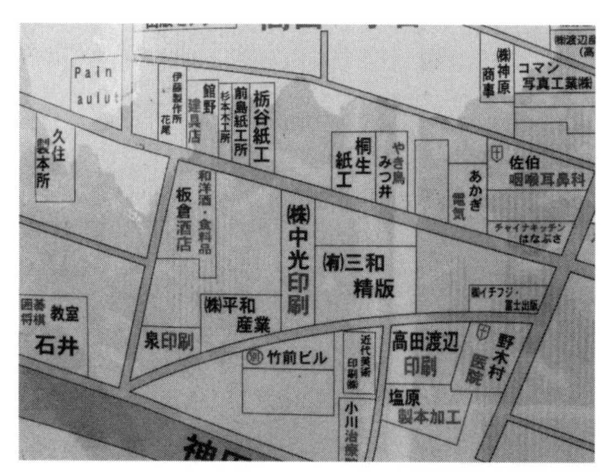

写真4　街中の案内板に示された印刷工場の分布

方面に水道水を供給しており、江戸・東京の発展の基盤として重要な役割を果たしていたことが分かる。その一方、神田川流域では、流域の都市化にともない水害が頻発していたが、1979 年から始まった地下調整池（環状７号線の地下にある巨大なトンネル）の建設等により、水害の被害が軽減されてきたことなども説明する。

第３のテーマは、地域の産業についてである。神田川の谷底平野は、都心に近く地価も比較的安かったため、東京都内でも印刷業者が集中する地域の１つであり、印刷業と結びついた製本・製袋・紙器製造などの業者も付近には多く集積している。印刷業は出版社と関係が深いため、出版社の多い都心近くに立地することが有利な都市型工業の典型である。こうした印刷業を中心とした工業地域の特色を理解することも、このフィールドワークの大きな目的である。

フィールドワークでは、将来教師を目指す学生を対象としているため、小学校の授業で活用できる具体的な方法についても説明するよう心掛けている。例えば、注意深く景観を観察すると、重量のある紙類を運搬するためのフォークリフトが多く見られ、印刷工場の存在に容易に気づくことができる（写真 3）。こうした観察時の着眼点を現地で学んでおくことが、自分が教師としてフィールドワークを指導する際に役立つものと思われる。また、小学校では五感を使った活動が重視されるが、筆者は特に「音」や「におい」に注意するよう指示している。例えば、印刷工場ではインクを使用するため工場に近づくとインクの臭いがすることに気づく。また、印刷機が稼働する音も特有のものなので、音に注目してみても印刷工場が多い街であることが容易に理解できる。このほか、印刷工場が多い地域であることは、街中にある住居案内板を見ることによっても分かるので、説明板や案内板の活用についても必ず触れるようにしている（写真 4）。

なお、フィールドワークに出かける前の授業では、１万分の１地形図を広げながらフィールドワークのコースや目的を学生たちに確認させるようにしているが、この作業はフィールドワークへの動機づけを高める上でもきわめて効果的である。特に小学校の授業では、単に地図を配布して説明するだけでは十分な効果が得られないため、教師の指示にしたがって地図上を指でたどってゆく「指旅行」などの地図スキルを使用するのが効果的である。

また、フィールドワーク終了後には、参加した学生にレポートの提出を課しているが、レポートには必ずルートマップを付けさせることにしている（第１図）。ルートマップを作成するためには、移動しながら常に自分のいる位置を地図上で確認する必要性が生じるうえ、作成した地図は地域全体の特色をとらえる際の参考にもなるからである。ルートマップは、学生に配布している地形図をもとに作成しても良いし、自分で分かりやすい地図を作成しても良いことにしている。こうした作業を通じて、歩きながら地図を読むスキルが身に付くものと思われる。

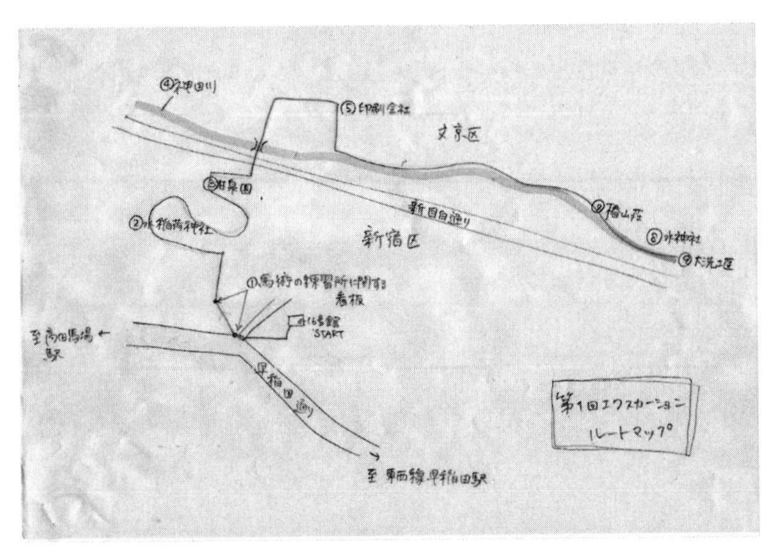

第１図　学生が描いたルートマップの例

6. 調べたことを分布図にまとめる

「まちたんけん」では、フィールドワークで調べた内容を地図にまとめさせる場合が多いが、フィールドワークと地図を使った作業は、両者を組み合わせることによって相乗効果を発揮する。そのため、自分で何らかの事象を選択し、およそ1～2k㎡の範囲を対象にして選択した事象の分布状況をフィールドワークで調べ、その結果を分布図に表現する、という課題を筆者は学生に課すことにしている。出来あがった分布図を見ると、特定の場所に集中していたり、ある法則性をもって分布したりしていることが分かるが、そうした「分布の特色」や「そのような分布が見られる理由」についても自分なりに考察し、授業の中で発表してもらっている。

学生が選択する事象は、コンビニ・ラーメン屋・カラオケ店・居酒屋・美容院・古書店・消火栓・郵便ポスト・公園・学校・学習塾・点字ブロックなど、きわめて多彩である。第2図・第3図は、学生が作成した分布図の事例であるが、第2図は公園の分布と保育施設・幼稚園の分布を1枚の地図に表現したものである。地図の右下に鉄道の駅があるが、駅の周辺に保育施設・幼稚園が集中して分布していることが分かる。これらの多くは保育施設であると想像されるが、通勤の行き帰りに寄りやすいため駅周辺への立地が有利となる。一方、公園の近くにも保育施設・幼稚園が多く分布しているが、これは園庭の一部のように公園を利用できるメリットを考えての立地であると想像できる。立地の要因については、インタビュー調査などを踏まえた考察が必要となるが、分布図を作成してみることにより、かなり的確に立地要因を予測することが可能となる。

この学生の作成した分布図の特徴は、「公園の分布」と「保育施設・幼稚園の分布」を1枚の分布図に同時に表現した点にある。このように、異なる複数の事象を1枚の分布図にまとめることは、事象間の関係を知るうえで大きな意味をもつ。ただ、保育施設・幼稚園を区別しなかった点は非常に惜しまれる。両者を別の記号を用いて示せば、保育施設の駅周辺への集中など、それぞれの施設ならではの特徴がより明確に表現できたものと思われる。

また、第3図は東京23区内の私鉄駅周辺のコンビニの分布を示した地図である。コンビニの分布は、セブンイレブンなどチェーン店別に示してあるため、同じチェーン店のコンビニが近接して分布している状況を読み取れる。コンビニでは、商品の搬入が定期的に行われるが、同チェーンの店舗が分散して分布していると配送効率が悪くなりコストが増す。そのため、この分布図でも同チェーンの店舗がかなり密に分布していることが分かる。また、コンビニは駅近くに多く存在しているが、地図中の学校の近くや通学路にもコンビニが存在していることが分かる。学校近くのコンビニは、昼食用の弁当や、下校時の飲食物の購入を見込んで出店されたものと考えられ、学校が多く分布する地域ならではの特徴も読み取れる。そのような意味で、この分布図は高く評価できるが、縮尺が記入されていない点が残念であった。

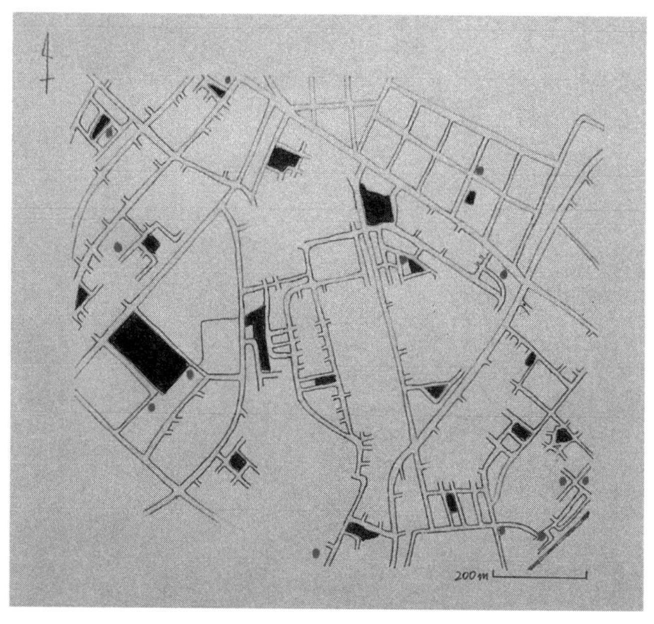

第2図　保育施設・幼稚園と公園の分布図

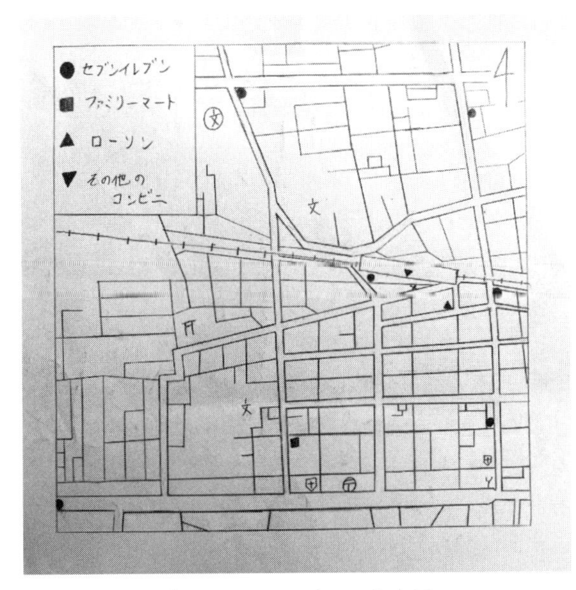

第３図　コンビニの分布図

小学校の社会科の教科書・副読本を見てみると、実に多くの分布図が使用されていることに気づく。また、実際の授業の中で、地図の作成作業が行われることも多い。それだけに、社会科を指導する教師は、地図作成の基本的なルールや、分布図の有効性を認識しておく必要がある。特に、多くの学生は中学校・高校で自ら分布図を作成した経験に乏しく、面倒な作業を忌避する学生がいる一方で、分布図の考察から得られる意外な発見に目を輝かせる学生も多い。分布図の有効性に気づくことは、フィールドワークへの関心を高めることにもつながっており、フィールドワークと地図作成を組み合わせた課題には、一定の意義があると言えよう。

7. まとめ

フィールドワークは事前準備や実施に時間がかかり、子どもの安全対策への十分な配慮が求められるため、実施に消極的な教師も少なくないと言われる。しかし、子どもの積極的な社会参加が求められている今日、社会科学習におけるフィールドワークの重要性はさらに高まっていると言えるだろう。特に、フィールドワークに対する子どもの関心は一般に高く、大人になっても記憶している授業内容として各種のフィールドワークが挙げられることも多い。フィールドワークを活かした授業実践を行うためには、教師自らがフィールドワークを体験し、その魅力や有効性を肌で感じることが重要である。教科教育法の授業の中だけでフィールドワークの指導力を育成するには限界があるため、教師をめざす学生や社会科を苦手とする教師がフィールドワークを基礎から学べるような科目の設置や研修機会の提供が望まれる。

◆文献◆

池俊介（2012）：地理教育における地域調査の現状と課題．E-journal GEO，7（1），pp.35-42.

池俊介・福元雄二郎（2014）：高校地理教育における野外調査の実施状況と課題―神奈川県内の高校を対象としたアンケート調査結果から―．新地理，62（1），pp.17-28.

池俊介・吉田裕幸・山本隆太・齋藤亮次（2020）：地理教育におけるフィールドワークの類型化に関する試論．早稲田教育評論（早稲田大学教育総合研究所），34（1），pp.1-19.

竹内裕一（2019）：地理教育における地域学習の位置―子供たちの地域学習体験からの逆照射―．新地理，67（1），pp.1-12.

宮本静子（2009）：中学校社会科地理的分野の「身近な地域」に関する教員の意識．新地理，57（3），pp.1-13.

村野芳男（2018）：小学校における校外学習の実際と教員の意識．帝京科学大学教育・教職研究，4（1），pp.9-19.

吉田和義（2012）：子どもの知覚環境と身近な地域の学習．新地理，60（1），pp.10-13.

（池　俊介）

第2節　カリキュラム・マネジメントの視点からの評価のとらえ方

学習指導要領の今次改訂（小・中学校 2017 年３月、高校・特別支援学校 2018 年３月）では、**カリキュラム・マネジメント**の視点が明確化された。カリキュラムとは教育課程を意味する。また、教育課程は、学校教育の目的や目標を達成するために教育の内容を児童生徒の心身の発達に応じて授業時数との関連において総合的に組織した学校の教育計画のことであり、その編成主体は各学校にある（学校教育法施行規則第 55 条２）。そのため、カリキュラム・マネジメントは「児童生徒や学校、地域の実態を適切に把握し、教育課程に基づき組織的かつ計画的に各学校の教育活動の質の向上を図っていくこと」（中央教育審議会『幼稚園、小学校、中学校、高等学校及び特別支援学校の学習指導要領等の改善及び必要な方策等について（答申）』、2016 年 12 月 21 日）と定義される。

カリキュラム・マネジメントの視点に立って各学校の教育活動の質の向上を図るためには、学習指導と学習評価とを一体的な関係として位置づけていく必要がある。本節では、学習指導要領の今次改訂の趣旨を踏まえ、カリキュラム・マネジメントの視点から評価の役割や活用方法について取り上げ、解説する。

1. 評価についての代表的な考え方

最初に、評価とは何かの検討から始める。まず、評価についての代表的な考え方を以下に整理する。ここでは、何を基準とするか、どの段階で行うか、どんな対象に対して行うか（個人か、それとも集団か）の、三つの観点に着目して検討する。

・何を基準とするか―集団準拠型評価と目標準拠型評価という見方―

評価に関する教育学上の代表的な考え方として、**教育評価**と**教育測定**という二つの見方がある。前者は、教育目標がカリキュラムや学習指導のプログラムによって実際どの程度実現したのかを判断するプロセスとしてとらえるものである。それに対して、後者は、人間の能力を生得的で固定的な量として見てテスト等で測り判断するプロセスとしてとらえるものである。日本では、評価といえば、これまでは学力を測るという意味で考えられており、教育測定として見る場合が一般的であった。このような形でとらえられる評価は**集団準拠型評価（相対評価）**と呼ばれており、集団内の位置（順位）を測ることは科学的であり客観的であるとする観念によって支えられてきた。

2002 年に**観点別学習状況の評価**（以下**「観点別評価」**と略記する）が小・中学校に導入されると、評価に対する考え方に変化が見られることになった。観点別評価は、児童生徒の学習状況を複数の観点ごとに設定された教育目標に照らして、どの程度達成できたかを評価するものである。このような評価は**目標準拠型評価（絶対評価）**と呼ばれている。学習指導要領の今次改訂では、育成すべき児童生徒の資質・能力について、社会科を始めとする各教科等の目標や内容を「知識・技能」「思考力・判断力・表現力」「学びに向かう力・人間性」に整理した。そして、観点別評価の観点は、**指導と評価の一体化の原則**に則って、それぞれ「知識・技能」「思考・判断・表現」「主体的に学習に取り組む態度」の三観点に整理することで、教科の目標や内容に対応させることになった（次頁の図１「教科等の目標や内容と観点別評価の関係」を参照）。

・どの段階で行うか―診断的評価、形成的評価、総括的評価という見方―

評価はいつ、どの段階で行うかによって、**診断的評価、形成的評価、総括的評価**の三つに分けられる。診断的評価とは入学当初、学年始め、単元開始時に児童・生徒の学力や生活の実態を見るために行う評価である。形成的評価とは単元の途中で行われる評価であり、学習が単元の目標や教師が意図した通りの効果を上げているかを確認するための評価である。総括的評価は、単元末や学期末といった学習のまとめや終了の時期に学習の達成状況を把握するために行う評価である。

これまでの学校が行ってきた評価の時期は、単元の終了時や学期末のテストやレポートに基づいて行う評価（総括的評価）が一般的であった。しかし、これでは児童生徒の学習状況や成長の様子

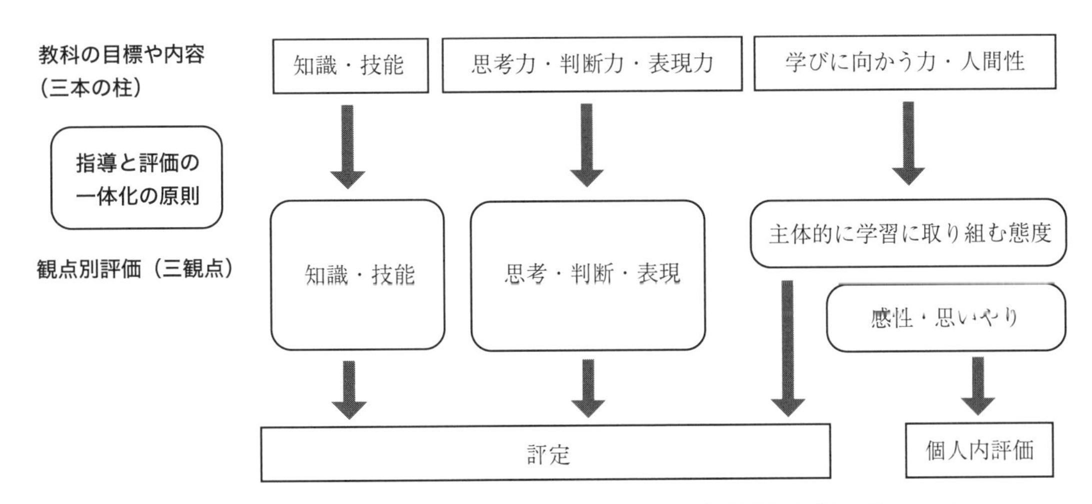

＊観点別評価の三観点を総括的に評価（小学校では三段階評価。低学年は行わない。）

図１　教科等の目標や内容と観点別評価の関係
出典：文科省『中等教育資料』令和元年６月号、22頁の図「各教科における評価の基本構造」を筆者が一部改変して掲載。「人間性」（教科等の目標や内容）に対応する「感性・思いやり」（評価）は、観点別評価では示しきれないため、個人内評価として行うことが望ましい。

を継続的に把握することは難しい。そのため、今日では、総括的評価のみに頼るのではなく、診断的評価や形成的評価も適宜取り入れて多面的多角的に評価していく方法が着目されている。

・どんな単位を対象として行うか―個人内評価と集団を対象とする評価という見方―

評価する単位は個人か、それともクラスなどの集団かによって、**個人内評価**と**集団を対象とする評価**の二つに分けられる。先ず、個人内評価とは、個々の児童生徒に対してその頑張りや成長を継続的かつ全体的に評価するものである。個人内評価には、個人の時間的経過によってとらえていく**縦断的個人評価**と、個人内の同時期の他の領域や教科の比較によってとらえていく**横断的個人評価**がある。次に、集団を対象とする評価とは、集団内での個人の位置を測り評価するものである。

今日、少子化に伴う児童生徒数の減少や教師の説明責任を背景に、教師には一人ひとりの児童生徒の状況や成長を具体的に把握し、日々の教育実践や保護者への説明に生かしていくことが求められる。そのため、個人内評価を学校で行う評価方法にどう取り入れるかが課題となっている。このような見方が着目された背景として、近年、児童生徒をめぐる状況が深刻化していることがあげられる。教育学者の佐藤学はこの状況を「学びから逃走する子どもたち」と表現した（資料１）。

資料１

日本の子どもは世界でもっとも学ばない子どもになっていると言ったら、多くの人が驚くでしょう。ほとんどの人が「日本の子どもは勉強に追われてゆとりがない」と言ってきましたし、「日本の子どもは受験に苦しみ塾通いに追われている」と語ってきました。ほとんどの人が、日本の子どもは世界の子どもと比べて学習時間が多いに違いないと信じ込んでいます。近年の教育改革の政策も、すべて「日本の子どもは勉強に追われてゆとりを失っている」という実態を前提として提言されています。しかし、その実態は二〇年以上前の子どもの姿であって、今日の子どもの実態とはかけ離れています。

確かに勉強に追われ塾に追われる子どもがいることは事実です。しかし、その数は一部に限られています。大半の子どもは小学校高学年から「学び」を拒絶し「学び」から逃走しています。今や、日本の子どもの学習時間は世界で最低レベルにまで転落しているのが現実です。

佐藤学（2000）『「学び」から逃走する子どもたち』岩波書店　pp. 9-10。

表１「伝統的評価観（20世紀の評価観）と新しい評価観（21世紀の評価観）の比較」（次頁）は、これまでの評価をめぐる議論をもとに、筆者が我が国の評価観の変化をまとめたものである。佐藤が指摘した子どもの危機的状況を改善していくためには、「**人を測定する評価**」（伝統的評価観）から「**人を育てる評価**」（新しい評価観）へと、速やかに転換していくことが求められている。

表1　伝統的評価観（20 世紀の評価観）と新しい評価観（21 世紀の評価観）の比較

	伝統的評価観（20 世紀の評価観）	新しい評価観（21 世紀の評価観）
教育学における代表的考え方	教育測定	教育評価
何を基準とする評価か	集団準拠型評価（相対評価）	目標準拠型評価（絶対評価）
どの段階で行う評価か	総括的評価	形成的評価・診断的評価
どんな単位を対象とする評価か	集団を対象とする評価	個人内評価
評価を行う目的は何か	人を測定する評価	人を育てる評価

2.「真正の学習」のための評価方法

カリキュラム・マネジメントの視点が学習指導要領の今次改訂において明確化されたことについては、本節の冒頭で触れた。そこでは、学習者の資質・能力をいかに育てるかが課題であり、「知識・技能」「思考力・判断力・表現力」「学びに向かう力・人間性」の育成を目指す考え方が示された。今日、このような資質能力を育成するための学習方法は**「真正の学習」**と呼ばれている。そこでの評価はテストのために設定された状況を評価するのではなく、現実の状況を模写したりシミュレーションしたりしてその状況を評価することが重要となってくる。また、そのための評価方法として、**パフォーマンス評価とルーブリック、ポートフォリオ評価**を活用することが提案されている。では、パフォーマンス評価とルーブリック、ポートフォリオ評価とはどのような評価なのか、以下に解説する。

・パフォーマンス評価とルーブリック

「真正の学習」の課題を遂行した成果としてのパフォーマンスでは、レポート、論文、創作活動、作品、プレゼンテーションなど、学習者自身の遂行した学習を直接示す証拠の提出が求められる。このような証拠（課題）はパフォーマンス課題と呼ばれている。そして、それを評価するための指標（評価指標）がルーブリックである。ルーブリックは、パフォーマンス課題のような児童生徒の多種多様な学習を評価する評価法であり、典型事例と見なされる学習成果（パフォーマンス）を抽出し、その達成（成功）度合いを数値的な「尺度」と、パフォーマンスの特徴を記した「記述語」で示したものである。ルーブリックを作成することで、教師は児童生徒のパフォーマンスを可視化でき、評価することが可能となる。

・ポートフォリオ評価

ポートフォリオ評価は、評価資料の収集と活用のための効果的手立てである。本来、ポートフォリオとは、児童・生徒の作品と自己評価記録、教師の指導と評価の記録などの評価資料を保管、蓄積しておくためのファイルを意味する。このファイルは、児童生徒の学びの履歴であり、児童生徒にとっても教師にとっても、貴重な評価資料になる。まず、児童生徒にとっては、ポートフォリオ作りを通じて自らの学習のあり方を自己評価することが可能となる。また、教師にとっても、児童生徒の学習活動と自己の教育活動の双方を評価することが可能となる。

パフォーマンス評価とルーブリック、ポートフォリオ評価は「真正の学習」に対応した新しい評価の考え方である。新しい評価の登場は、教師の目を児童生徒の資質・能力へ向けさせることになった。これからの評価は児童生徒の成長を積極的にとらえるとともに、その成長を勇気づけるものにならなければならない。そのため、評価は児童生徒の生涯を見すえるという認識のもとに、目標準拠型評価（絶対評価）、形成的評価・診断的評価、個人内評価を取り入れることが必要である（表1「伝統的評価観（20 世紀の評価観）と新しい評価観（21 世紀の評価観）の比較」を参照）。そして、資質・能力の育成の観点から、児童生徒の意欲や可能性を引き出すとともに、励ましや勇気づけを与えることを目指した支援的な評価（人を育てる評価）にしなければならない。そのため、学習者の主体性を育むことができ、また資質・能力の育成に向けての多様なアプローチと成果を見取ることのできる評価方法として、パフォーマンス課題の設定とルーブリックに基づく評価が不可欠である。また、児童生徒の学習状況を継続的に把握していくことを見取ることのできる評価方法として、ポートフォリオ評価を導入していくことも重要となってこよう。

3. 探究型授業での評価を可視化するための方法

今日の学校教育では、カリキュラムの重心が従前のコンテンツ（内容）・ベースから**コンピテンシー（資質・能力）・ベース**へと移っている。そこでは、知識基盤社会化に対応した新たな資質・能力像が模索されるとともに、「知識・技能」「思考力・判断力・表現力」「学びに向かう力・人間性」からなる包括的でバランスの取れた育成の観点から**探究**型授業の構築が求められる。

そのため、カリキュラム・マネジメントの視点からのコンピテンシー・ベースの授業設計にあたっては、探究という活動が学習者の認知過程の中にどのように位置付けられているかを検討するとともに、それが評価の面で可視化されることが重要である。近年、カリキュラムの特徴を分析する方法として、米国の教育心理学者アンダーソンらが開発した**改訂版ブルーム・タキソノミー**を用いる方法が着目されている。これはブルームが開発したタキソノミーを改良したものである。

タキソノミーとは、本来、分類学を意味し、教育学で用いるときには授業で達成すべき教育目標を明確化し、その機能的価値を高めるための道具として開発された指標のことである。ここでの教育目標とは、「教材や授業活動を設計する指針」を意味し、また「教育実践の成果を評価する規準」でもある。教科のカリキュラム開発において改訂版ブルーム・タキソノミーを活用することで、開発した教材や学習活動が教科に関わる知識の習得の状況や思考力のどのような働きを表しているかを評価する際に有効であるといえる。改訂版ブルーム・タキソノミーでは、カリキュラムの教育目標を、どのような性格の知識（知識次元／内容的局面）の習得を目指しているのか、またその知識をどのように認知させようとしているのか（認知過程次元／行動的局面）の、二つの局面に分けて検討することになる（表２「改訂版ブルーム・タキソノミーテーブル」を参照）。

表２　改訂版ブルーム・タキソノミーテーブル

知識次元	認知過程次元					
	1. 記憶する	2. 理解する	3. 応用する	4. 分析する	5. 評価する	6. 創造する
A.　事実的知識				■	■	■
B.　概念的知識				■	■	■
C.　手続き的知識				■	■	■
D.　メタ認知的知識				■	■	■

出典：石井英真（2011）『現代アメリカにおける学力形成論の展開』東信堂 p.91.　■ 部分が探究。
（Anderson, L.W.et al.(2001). *A Taxonomy for Learning, Teaching, and Assessing : A Revision of Bloom's Taxonomy of Educational Objectives, New York, Longman*, p.28.）

改訂版ブルーム・タキソノミーの内容的局面では、知識が内容知の形で表現される**「宣言的知識」**と、方法知の形で表現される**「手続き的知識」**及び**「メタ認知的知識」**の三つのカテゴリーに分節化される。まず、宣言的知識とは、個別・具体的な内容を示す**「事実的知識」**と、より組織化され一般化された**「概念的知識」**に区別される。両者は、上位カテゴリーである「概念的知識」が下位カテゴリーである「事実的知識」を包摂する。次に、**「手続き的知識」**とは技能や方略に関わる知識である。また、**「メタ認知的知識」**とは、改訂版ブルーム・タキソノミーにおいて新たに導入された概念であり、自分自身や人間一般の認知過程に関する知識を意味する。「宣言的知識」や「手続き的知識」が各教科固有の知識である（領域固有性）のに対して、「メタ認知的知識」は教科の枠を超えた、教科横断的・汎用的な性格を有している。「メタ認知的知識」の重要な働きとして、知識の他の分野・領域への転移を可能にする機能を備えている。

改訂版ブルーム・タキソノミーの認知過程次元では、知識を学習者がどのように認知して処理するのかに着目して、その方法を分節化している。そこでは、その行動的特徴によって、**「記憶する」「理解する」「応用する」「分析する」「評価する」「創造する」**の六カテゴリーを設定している。ここに見られる各カテゴリーは、複雑系の原理に基づいて単純なものからより複雑なものへと排列されている。認知過程次元のカテゴリーのうち、後半の「分析する」「評価する」「創造する」の三つのカテゴリーは高次の認知過程として位置付けられる。探究はこの段階に該当する活動である。
改訂版ブルーム・タキソノミーという分光器を通してカリキュラムを分析するならば、カリキュラムの教育目標では、どのような性格の知識（内容的局面）の習得を目指しているのか、またその知識をどのように認知させようとしているのか（行動的局面）のそれぞれについて可視化し、授業者以外の人にも説明することを可能にするという特徴を有している。
教師のこれまでの意識には、児童生徒が思考の技能を習得できれば、思考力は自ずと育成されるとする考え方が見られた。しかし、たとえ思考操作に熟練しても、また思考技能を身につけても、それだけでは思考力を育むことにはならない。思考力を育むためには、教科の内容に関する専門的知識を理解することが不可欠である。たとえ児童生徒がその学習に主体的に参加したとしても、教科にかかわる具体的知識の活用と切り離された思考というものには実用性は乏しく、思考力も育成されるものではない。まさに、思考という行為は内容（知識・理解）と形式（思考技能）がそれぞれ有機的関係性をもって機能するものであり、両者を切り離しては思考力をとらえることができないし、育成することも困難であると言える。授業の中に探究のような高次の認知過程を位置付ける際には、知識の獲得（＝内容的要素）と思考の活用（＝形式的要素）とに分けて、それぞれの意味や機能を可視化して明確化していくことと同時に、両者の関係を探究という視点から一体的にとらえていく必要性がある。そのための手立てとして、改訂版ブルーム・タキソノミーは、教材や授業の目標を知識次元と認知過程次元の双方から検討し、探究という視点に基づいて両者の目標を一体的に設計する上で有効な指標となり得る。また、授業の運営方法においても、探究という視点から適切な授業方法を選択し、それを実施することが可能になろう。

4. 高次の認知過程としての「真正の学習」

教材や授業の目標を設定する場合に、改訂版ブルーム・タキソノミーを用いることの有用性を検討した。そして、探究のような高次の認知過程次元の学習を計画・立案する場合には、知識次元と認知過程次元の双方から検討し、両者の目標を一体的に設計することの必要性について明らかにした。では、今日の社会的要請を踏まえての単元開発はどのように進めたらよいであろうか。
今日、カリキュラム設計の原理がコンテンツ・ベースからコンピテンシー・ベースへと、その重心が移っている。そして、学習方法として新しい資質・能力論を前提とした**構成主義的学習**が注目されている。佐藤学によれば、教科を単位とする学習には教科特有の「内容と形式」が備えられており、それは**ディシプリン**という概念で呼ばれているとのことだ。ディシプリンの構造は、内容的構造と構文的構造の二つの構成原理から組織されている。前者は教科内容の概念の意味的構造を意味し、一般には教科の教育内容と呼ばれているものである。また、後者は教育内容の構文的構造を意味し、社会科とはどのような学問なのかという教科の性格を特徴付ける知識の習得が目指される。佐藤は、教科教育の主要な目的を「探究としての科学」を教育していくことであるとし、教科の内容理解だけでなく、教科のディスコースを共有し議論し合う共同体の建設が不可欠であるとした。そして、教科を単位とするカリキュラム編成においては、内容的構造だけでなく、構文的構造を含めて検討していくことを提案した。今日の急激な社会の変化に対応していくためには、教科を単位とする学習においても、教科固有のディシプリンの学習を前提としながらも、社会の問題や生活の問題を主題として教育内容を発展的に組織していくことが不可欠である。探究を希求する教科のカリキュラム設計を目指す場合には、ディシプリンの構文的構造に依拠するとともに、教科の学習の中に課題による組織を組み入れ、学習内容として具体化することが求められる。
本研究で探究的学習を構想する際に、筆者が着目するのは「真正の学習」論である。グラッソーンは、「真正の学習」の学力モデルと従来の知識獲得・知識再生型学習のそれとを比較し、「真正の学習」の特徴を整理した（次頁の表３「『真正の学習』の学力モデルと従来の学力モデルの比較」を参照）。表３の示すところは、「真正の学習」に基づく学力モデルでは、オープンエンドで生活に根ざしたリアルな問題が準備される必要があるということだ。また、学習の目的は教科の中で習得した知識や概念、技能を蓄積したり試験の場で素早く正確に再生したりすることではなく、それぞれの分野の専門家がそれら知識や概念、技能を活用して探究していく過程を学習者に直接に体験させたり、疑似体験させたりすることである。また、教科の学習においては、21 世紀を生きる市民に必要な資質・能力として、グローバル意識や異文化、多文化への理解と寛容性、環境意識などを育成していくことが必要となってこよう。

表３「真正の学習」の学力モデルと従来の学力モデルの比較

局面	「真正の学習」の学力モデル	従来の学力モデル
問題	オープンエンドで、複雑で、状況的で、リアルな生活を写し出す問題に焦点化されている。	単一の答を持つ問題、状況を無視した単純な質問、不自然で、リアルでない問題が強調されている。
教材	あくまでも一次資料を強調し、「深さ」を提供する多面的な教材を使用する。	二次資料に依拠しつつ、単純で表面的なテキストを使用する。
カリキュラム	主要な概念、有効な方略を強調し、「深さ」を提供するカリキュラムである。	事実や公式のみを強調するカキュラムである。
教育評価	知識を保持していることを実演することを強調する、真正のパフォーマンスを通して学力を評価する。	記憶したことや理解したことに的を絞った短答式のテストを使う。
授業	高次の思考スキルを強調する。足場(scaffolding)を提供したり、メタ認知を容易にしたり、グループ討論を使ったりした学習に価値を置くなど、さまざまな授業方法へのアプローチを要求する。	高次の思考スキルを強調した　伝統的な授業モデルであって、教師が説明し児童生徒は聞き役である。低次の思考スキルを強調し、教師の指示に従わせ、メタ認知に関心がなく、討論するよりも時間つぶしの勉強をさせ、網羅的な学習に価値を置く。

出典：Glatthorn,A.A.（1999）. *Performance and Authentic Learning. Eye on Education,* p.26.（ダイアン・ハート　田中耕治監訳（2012）『パフォーマンス評価入門』ミネルヴァ書房　p.161. より　一部改変して転載）。

5. 改訂版ブルーム・タキソノミーとルーブリックを併用した評価方法

「記憶する」や「理解する」のような比較的低次の認知過程次元を評価するのであれば、多肢選択問題、正誤問題、一問一答形式の説明問題などの客観テストでも対応可能である。また、知識の定着や習熟の度合いを評価するのであれば、客観テストは容易に数値化できるので有用性が高い。しかし、探究力を育成するためには、「応用する」や、高次の認知過程次元に位置付けられる「分析する」「評価する」「創造する」のようなカテゴリーをカバーするものでなければならない。それらのことを評価する場合は、知識の暗記や再生に適する客観テストでは十分にカバーできるものではない。すでに検討したように、探究のような高次の認知過程の学習を評価する際には、改訂版ブルーム・タキソノミーを用いて行うことが有効であることを明らかにした。改訂版ブルーム・タキソノミーを用いることで、学習者の習得すべき知識の内容と認知の方法を、知識次元と認知過程次元の双方からそれぞれ検討して類型化し、目標と評価を一体的に設計することができる。すなわち、改訂版ブルーム・タキソノミーを用いたカリキュラムでは、教科目標と評価を一体的にとらえて類型化することで探究という認知過程次元を可視化できるという利点を有している。

しかし、高次の認知過程次元の中でも、パフォーマンス課題のような様々なタイプの知識が複雑に交錯する課題においては、児童生徒の活動や経験は多種多様である。目標と評価を一体的に明確化、類型化するための道具である、改訂版ブルーム・タキソノミーは、このような課題を評価するためには適さない。パフォーマンス課題を評価するための方法としては、ルーブリックの作成とそれに基づく質的評価が効果的であるとされる。探究型の授業構成モデルの評価方法として、探究という過程を可視化できる改訂版ブルーム・タキソノミーを基本として用いることにする。しかし、パフォーマンス課題のような質的評価が必要な学習に対しては、これとは別に、ルーブリックを作成して用いる必要があろう。

6. 探究型授業のための評価方法についての提案

カリキュラム・マネジメントの視点から社会科のカリキュラムを設計する際に、アンダーソンらが開発した改訂版ブルーム・タキソノミーを用いることで、知識次元と認知過程次元の双方について、それぞれ可視化することができ、探究に対応した学習計画を立案することが容易となる。しかし、探究という高次の認知過程の学習は「真正の学習」と呼ばれており、知識やスキルを総合して使いこなすことが求められている。また、そこで期待される学習は、実生活や学際的な課題を投影した学習内容であり、社会科においては、グローバル化の進展によって、多文化主義、グローバル意識、環境リテラシーなどの概念に着目して、社会科固有の思考力を育むための授業デザインを提示することが求められている。

情報が氾濫する現代社会では、社会科の学習方法として資料の解釈（＝方法知）を通じて市民的資質を育むことが重要性を増してきた。そのため、探究型授業のカリキュラムを設計するに際しては、改訂版ブルーム・タキソノミーを用いて教育目標を学習者の習得すべき知識の内容と認知過程の方法に分けて明示し、可視化することが求められる。また、パフォーマンス課題のような様々なタイプの知識が学習者によって選択され複雑に活用される学習も不可欠であり、そこでは、学習過程の質的評価が求められる。その際には、ルーブリックを用いて評価規準を可視化し、質的に評価していくことが必要となる。探究のような高次の認知過程の学習では、学習の個々の特性に応じて、改訂版ブルーム・タキソノミーとルーブリックを適切に併用し、探究という過程を可視化、明確化して評価していく方法が適切であるといえよう。

◆参考文献◆

石井英真（2011）、『現代アメリカにおける学力形成論の展開　スタンダードに基づくカリキュラムの設計』東信堂
佐藤学（2000）、『「学び」から逃走する子どもたち』岩波書店
同上（2010）、『教育の方法』左右社
田尻信壹（2017）、『探究的世界史学習論研究―史資料を活用した歴史的思考力育成型授業の構築―』風間書房
田中耕治・鶴田清司・橋本美保・藤村宣之（2019）、『改訂版　新しい時代の教育方法（有斐閣アルマ）』有斐閣

（田尻　信壹）

第3節　子どもと地域を結ぶ体験学習
―第3学年社会科「農家の仕事」から自らのあり方を考える子をめざして―

1. はじめに

来年度からの新学習指導要領実施に伴い、授業時間数の確保が課題となっている。特に小学校社会科3学年で扱う内容について、地図帳の使用、租税の役割、少子高齢化、国際化等、4学年から移行したり内容が抽象的になったりしている。今まで、学区をたくさん歩いて探検することで、距離感をつかんだり、実際に見聞きする学習を多くもてたりする時期であるが、新指導要領の内容で座学が増えざるを得ないのではないかと危惧している。その限られた時間の中で、子どもの実態に即した楽しい授業を行うために、どのように体験する機会を創造するのかが今後の課題になるだろう。本実践では、本校の特色を生かした地域教材による体験学習の様子を報告する。給食で扱われている地場野菜を取り上げ、生産者と子どもたちとの対話を通して「顔の見える給食」を進めていく。子どもたちが給食を通して自分と地域との結びつきを考え、自らのあり方を考えられるようになってほしいと願い、この実践を行った。

2. 学校の特色とフィールドワークによる出会い

(1) 地域と連携した食育

本校の給食は自校方式で、地域の直売研究会を通して、学区で採られた地場野菜を取り入れている。子どもたちの皮むき体験も行っており、1年生はそら豆、2年生はとうもろこし、3年生はたけのこ、4年生は枝豆の皮むきをし、その食材が調理され、給食で出される。地域と連携した食育を推進できる環境が整っていることが大きな魅力の一つだ。4月に3年生の担任になり、6月にたけのこの皮むきをすると聞いた時、誰がどこで採っているかを子どもたちに見せたいという思いが強くなった。生産者と出会い、たけのこを自分たちで剥き、調理してもらったものを食べることで、何気なく食べている給食へ心をよせられるようになってほしいと考えた。

(2) ふるさと公園、井上さんとの出会い

たけのこの見学をするために生産者を調べに行ったのは、学区にある「ふるさと公園」だ。そこには来年設立20周年を迎える「直売研究会」があり、地場野菜の直売を行っている。販売されている野菜には生産者の名前が書いてあり、安心安全で顔の見える野菜の販売を目指している。私はそこで多くの農家と出会い、学区で作られる農産物の多さに驚いた。そして生産者一人ひとりとの対話を通して、生産の苦労や思い、こだわりを知ることができた。「子どもが食べる物だから、気を遣うよ」ある農家の方の一言は私の心に大きく響き、この方たちの思いを子どもたちに伝えたいと強く思った。

たけのこの生産者を特定し、依頼、下見、計画をした。子どもたちは生産者の「井上さん」と出会い、竹藪の見学やたけのこの採取体験をすることができた。栄養士とも連携し、皮むきの前には、たけのこの栄養や調理の様子を教えてもらった。そうして出てきた「真竹とじゃがいものうま煮」は大変おいしく、子どもたちも喜んで食べていた。

私はこの実践をして、2学期の社会科「農家の仕事」で地域と子どもたちを結ぶ授業をしたいと考えた。ふるさと公園に足しげく通い、季節を感じる農作物とその料理に親しみ、多くの農家の情報を収集し、構想を練る。そのことは実に楽しいものだった。

(3) 大津さんとの出会いと職員研修

ふるさと公園で、酪農を行っている大津さんと出会った。見に行って驚いたのは、学区に50頭以上もの牛を管理する牧場があったことだ。父の代から受け継いで、酪農に一本化したこと、機械化が常識になったこと、子牛は北海道で育てられること。興味深い話を聞くことができ、私だけにとどめておくのは惜しいと思い、夏休みに職員の酪農体験を計画した。牛舎見学、乳搾り、餌やり、堆肥の袋詰め、バター作りをした。職員自ら体験することを通して、生活科、社会科、総合的な学

習の時間、食育等に生かせる地域教材の開発への意欲を高めることができた。職員自ら地域に出向いて様々な体験をする大切さを共有することができたことは大きな成果だった。

(4) 小松菜の高橋さんとの出会い

給食で使われる地場野菜で一つ特徴的な野菜がある。それは小松菜である。他の野菜は出る時期が決まっているが、小松菜は毎月あり、週に２回程子どもたちは食べている。驚いたのは他の野菜は複数の農家から納められるが、小松菜は高橋さんという農家一人が納めているということだ。その量は、１年間で800kgを超える。

高橋さんに初めて出会った時に見た小松菜は葉がとても大きいものだった。聞くと、調理員が処理をしやすいように大きく育てているとのことだ。小松菜作りについてもっと知りたいと思い、高橋さん宅に通ってその様子を見せていただいた。気づいたことは、農家の仕事に予定は未定なことだ。今週末は何をするのかを聞いても、「わからない」。こちらからすれば、得たい資料はいつ得られるのか分からない。天候に大きく左右されるこの仕事は、予定通りに進まないものだ。自然とともに生きる農家の営み。そのゆったりとした時間の流れに、日ごろ忙しなく働く日々を思うとなんだかうらやましく思えてしまうのである。食べる野菜はすべて採れたてで、おいしい。日頃、野菜はスーパーで購入していたが、直売所で購入する機会が増えた。

高橋さん宅に通い取材を重ねていくと、ご厚意で畑をお借りし、子どもたちに小松菜の栽培体験をさせていただけることになった。

3. 単元名と単元目標

「農家の仕事」

（１）小松菜農家の見学等を通して農家の仕事の様子をとらえる。

（２）生産の工夫や努力、地域とのつながりについてとらえ、農家と自分たちの生活とのつながりについて考えることができる。

4. 単元の流れの記録（全10時間）

(1) 10月25日 「給食に使われている地場野菜を調べよう」

子どもたちは４月～10月の献立表から、地場野菜を調べ、どんな野菜が何回出てくるかを調べた。季節によって野菜が違うこと、小松菜が一番多く出てきて二番は玉ねぎだということ、たくさんの野菜が給食で扱われていること等に気づいた。

そして、小松菜に着目させ、なぜ毎月出るのか、どうやって作っているのか、種はどのようなものか、誰が作っているのか等の疑問を出し合った。一人で作っているか何人かで作っているかを予想させた所、何人かが交代で作っていると考えた子が多かった。

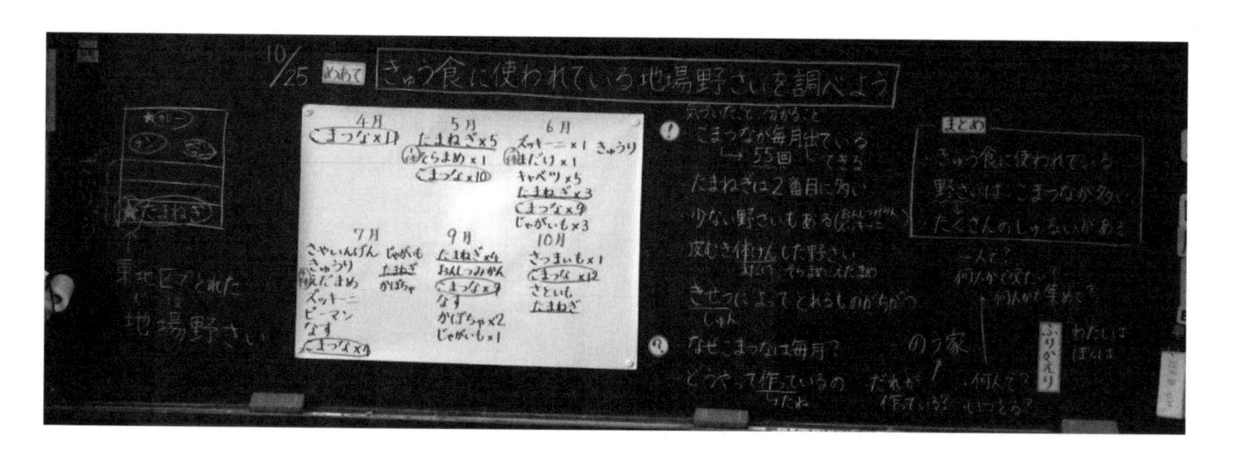

(2) 10月28日 「スーパーと給食の小松菜を比べよう」

10月に「店で働く人と仕事」で見学に行ったスーパーの小松菜と、給食で使われる小松菜を比べた。作った場所、作った人、収穫した日、値段、見た目、味を比べた。給食の小松菜は安くて新鮮で、スーパーのものより甘くてみずみずしいことに子どもたちは気づいた。ここで給食の小松菜を作っているのは高橋さん一人で作っていることを知らせると子どもたちはとても驚いた。小松菜づくりの過程に興味をもち、種まきをとても楽しみにしていた。

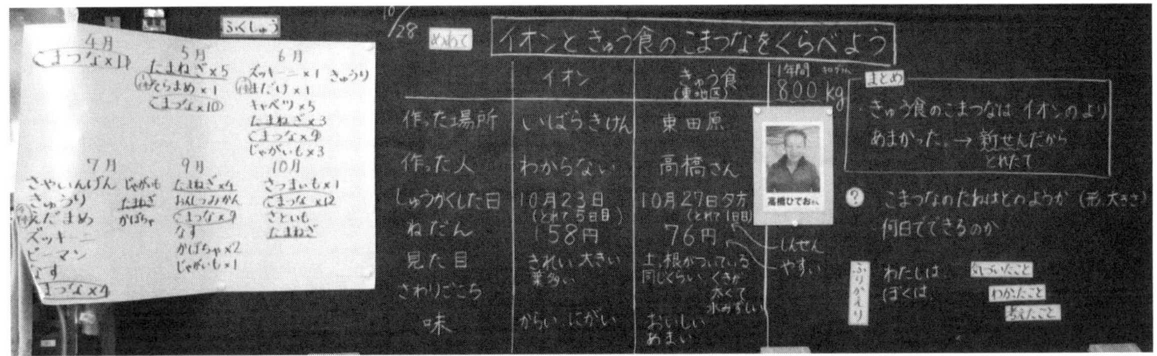

(3) 10 月 30 日 「小松菜の種まきをしよう」

高橋さんの畑に行き、畑の土を起こし、整地し、種をまく体験をした。小松菜の種の小ささに子どもたちは驚いていた。高橋さんの話から、小松菜の名前の由来、種が薬でコーティングされているわけを知った。１か月後に収穫する小松菜に思いをよせながら、給食でどんな料理にしてほしいかなどを話していた。

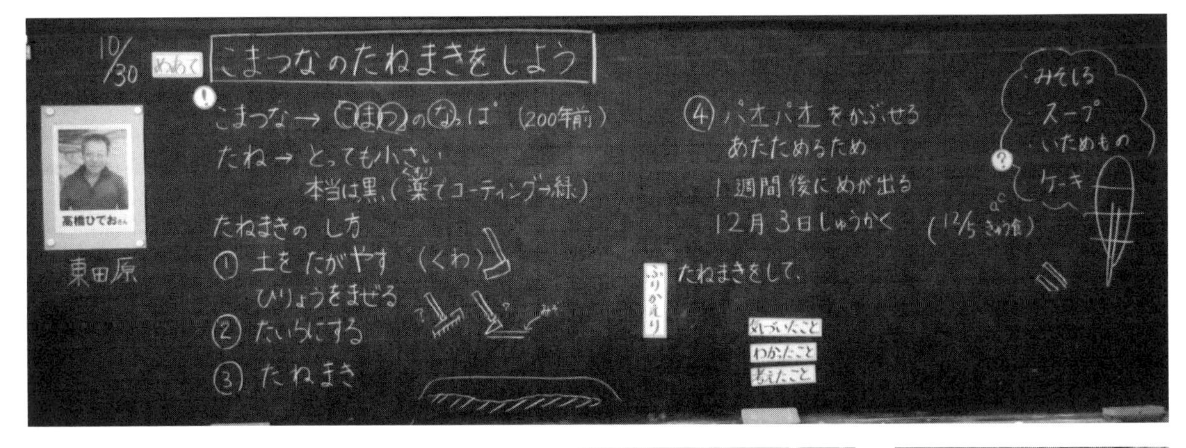

（11 月３日　発芽）

本来ならば、定期的に小松菜の成長の様子を観察に来たい所だが、都合上かなわないため、指導者が毎週末に写真に記録し、子どもたちに見せた。

(4) 11月5日 「高橋さんの小松菜作りの工夫は何かな」

高橋さんの農事ごよみの資料を読み取り、小松菜作りの工夫について考えた。子どもたちは、小松菜は何回かに分けて種まきをすることで、一年中採れること、季節によって収穫までの期間が違うことに気づいた。高橋さんに聞きたいこととして、どんな仕事が大変なのか、楽しいことは何か、いい小松菜はどんな小松菜なのか等、出し合っていた。

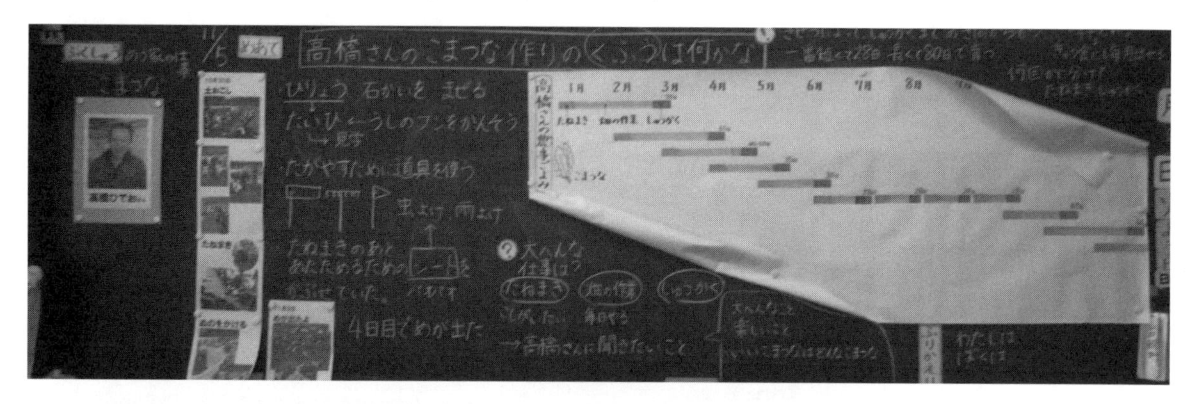

(11月10日シートを取り追肥をする。ビニールをかけ、トンネルにする。)

土起こしの時に畑作りに必要な「堆肥」の話をした。それがどのように作られているのか、見学をして確かめるために大津さんの牧場に行くことになった。

(5) 11月14日 「畑の土に必要な堆肥はどのように作られるのか」

子どもたちは牛舎の見学をし、牛の大きさや臭さに驚いていた。牛糞がバームクリーナーという機械でトラックに運ばれる様子も見せてもらえた。その後、おがくずとまぜる場所、コーヒー豆のカスやアミノ酸等とまぜて発酵させる場所、袋詰めをする場所を順に見学し、4～5か月かけて堆肥になる様子を理解できた。始めはベタベタで臭かった牛糞が、最後はさらさらで匂いのない堆肥になる様子に子どもたちは驚いていた。

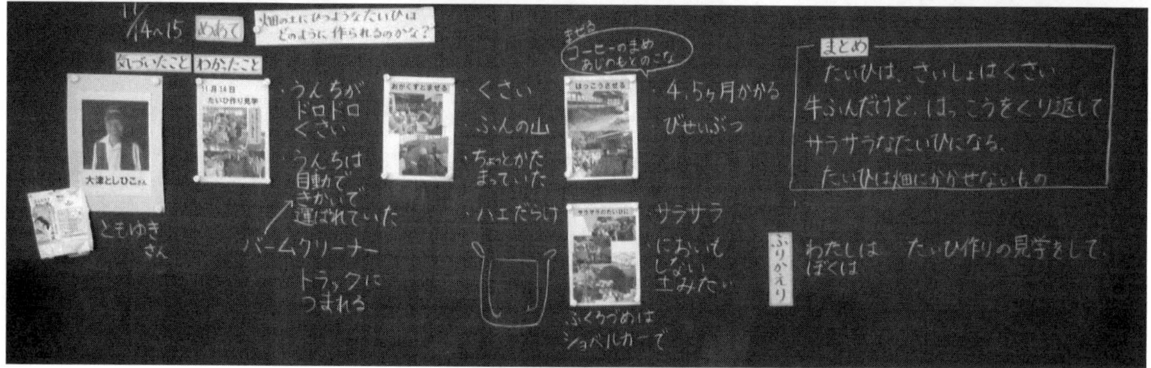

（11 月 17 日　葉が増えてきた）

週明けの担任による小松菜の成長報告は続く。子どもたちは葉が増えてきた小松菜に思いをよせ、「自分のはどうなっているかな」「早く収穫したいな」と楽しみにしていた。

（11 月 24 日　葉が大きくなってきた）

(6)　11 月 26 日　「他の野菜は誰がどのように作っているのかな」

大根・にんじん・かぼちゃ・たまねぎ・そら豆をそれぞれ給食に納品している農家を紹介し、インタビューできることを伝えた。子どもたちは野菜の作り方や機械の役割など、農家のデータを読み取りながら質問したいことをまとめていった。

(7)　11 月 28 日　「農家の方を招く案内の手紙を書こう」

国語科の学習と関連させ、農家の方を招く案内文を書いた。子どもたちは、農家の方への感謝の気持ちと、質問をしたい旨、給食も一緒に食べたいという気持ちを思い思いの言葉で綴っていた。

（11 月 30 日　収穫間近の小松菜）

(8)　12 月３日　「小松菜を収穫しよう」

待ちに待った収穫の日、子どもたちは大きく育った小松菜の葉を丁寧に採り、袋に入れて持ち帰った。

(9)　12 月５日　「農家ゲストティーチャーに聞こう」

７名の農家の方を招き、体育館でそれぞれのコーナーに分かれて、グループでインタビューに回った。子どもたちは機械の使い方や種の様子、作業の苦労について熱心に質問していた。インタビューの後は、それぞれの教室で一緒に給食を食べた。献立はごはん・韓国のり・牛乳・冬野菜のみそ汁（大根・白菜）・鮭のゆず南蛮（柚）・小松菜の炒め物（小松菜）・果物（みかん）で、（　　）は地場野菜であり、いつもより多く取り入れていただいた。まさに「顔の見える給食」の体現であり、農家の方と食べることで、子どもたちは給食をより身近に感じることができた。何より、自分たちが育てた小松菜を食べることは大きな喜びとなったことだろう。

(10) 12月5日 「お礼の手紙を書こう」

学習の終わりに、招いた農家の方々にお礼の手紙を書いた。質問に答えてくれたこと、一緒に給食を食べたこと、日ごろは漢字を書くことに苦手意識のある子でも、丁寧な字で心をこめて書いていた。「今度にんじんが給食に出たら湯山さんのにんじんだと思って食べます」「農家の仕事に興味をもちました」「ふるさと公園で井上さんのたまねぎを買いたいです」などと、思い思いに綴っていた。出会った人に思いをよせ、気持ちを表現する生きた学習となったことに感慨もひとしおだった。

5. 成果と課題

(1) 体験学習の大切さ

子どもたちが物事を理解したり、感じたり、考えたりするためには、体験することが大切だ。教科書や本、インターネットで得る知識も大切だが、読む力、情報収集の力には個人差が大きく、すべての子にとってその方法で学習することは容易ではない。もちろんその力も育まなくてはいけないが、本物とふれあう機会をたくさん設けることができるのは小学校教育の醍醐味であり、何より体験することは多くの子どもたちにとって「楽しい」。楽しいと感じる体験をすることで、物事の様子を捉えたり、感動したことから表現への意欲が高まったりすると考える。今回の小松菜の栽培体験は子どもたちの心に残る体験となった。「小松菜の種ってちっちゃいね」、「採れたての小松菜はみずみずしくておいしいね」子どもたちは実際に体験しながら、農家の仕事の様子を捉えるだけでなく、小松菜への愛着が生まれ、給食に小松菜が出る度に「今日は高橋さんの小松菜だね。おいしいね」と話し、小松菜の見方が変わったのである。「農家の人のお仕事はとても大変だと思った。だから給食を感謝して食べないといけないと思いました」体験し、見聞きしたことから自然とそう感じられる子どもの感性に感心する。「感謝しなさい」、「残さず食べなさい」と言うまでもなく、体験学習とその間の授業の過程で、子どもたちの食に対する意識に少しでも変化があったことは大きな成果である。

(2) 本物の「人」とふれあう大切さ

社会科の問題解決学習では、一人の人に焦点を当て、その人の思いや苦労について追究していくスタイルがあるが、それでは3年生90名の子どもたちが「人」とふれあう機会を多く設けられないと考えた。そこでこの実践では、多くの地域の方に協力をいただいた。7名の農家を招いてのインタビューや交流給食では、子どもたちが農家の方たちと多く対話することができた。一人ひとりが疑問に思ったことを直接聞く、農家の方が親切に答える。時には実物を見せてくれたり、絵に描いて教えてくれたり、双方向のやりとりを多くもてた。子どもたちは「〇〇さん」という名前を知り、野菜を作る人の存在に気づき、日頃何気なく食べている給食と結びつけることによって、見えないものに心を寄せられるようになっていったのである。時折、「〇〇さんにスーパーで会ったよ」「ふるさと公園に行ったら野菜を運んでいる所に会ったよ。私たちの名前を覚えていてくれたよ」などと子どもたちから報告がある。今まで見えなかった「生産者」は子どもたちの知っている「地域の人」になったのである。

(3) 主体的に問題解決学習を進める難しさ

今回の実践では、子どもたちの体験学習の場の充実に重点を置いた。地域の方との日程調整もあり、校外学習の日程等の縛りもあった。子どもが肌で感じられる体験学習の場は十分であったが、疑問を整理して問題をつくり、みんなで話し合って解決する問題解決学習にするには不十分であった。「土起こしの作業はずっと座っていて腰が疲れた」と言う子どもたちの感想から、「では、なぜ高橋さんはその仕事をわざわざするのかな」と問うたり、堆肥づくり見学後に「どうして大津さんは臭くて大変な仕事もずっと続けているのかな」と問うたりするなど、子どもの心を揺り動かす問いかけを工夫することが大切である。「みんなだったら農家になるかな」と問うと、「なりたい」「なりたくない」という子で意見は分かれる。そのズレを生みだし、みんなで意見を出し合う授業ができるようになることが私の課題である。そのためには、学習の素地である話す聞く力、学習に向かう意欲を育まないといけない。そして、十分な教材研究の基、子どもたちの力を信じ、任せてあげることも大切なことである。指導者の「こうなってほしい」という思いと子どもたちの「こうなりたい」という思いのバランスを考え、子どもたちの願いを叶えるような授業をつくることが大切である。

6. おわりに

来年度から新学習指導要領が実施となる。田部（2019）は「新学習指導要領におけるコンピテンシー・ベースの浸透により本来は増やすべき実際の現地調査の時間は減ってしまい、現在12時間かけて実施している３年生の野外調査が４時間に減ってしまうことが懸念された。」との現場からの報告を挙げている。私が実践してきた子どもたちの体験学習、地域の方との対話、それらをどう確保していくかが課題である。

「子どもたちには、いつの時代も体全体を動かして感じ、学びとってゆくのが大事なことです。この体験学習の成り立ちのように、人に支えられ、自分はその中で生かされているということも感じてもらいたいことの一つです」小松菜の高橋さんが昔行っていた米作り体験の記録誌「千代田区子ども体験教室」に寄稿された一文である。インターネットが急速に普及し、子どもたちの遊びの形態も大きく変化した。外に出なくても多くの人とつながり、いろいろなものを手に入れられる時代ではあるが、それが真に「豊か」であるとはいえない。世の中が便利になればなるほど人と人との心のつながりが希薄になり、見えないものに心をよせられないようでは子どもたちの思いやりの心は育たない。子どもたちには、便利さの裏側にあるものも考えられるようになってほしい。そして、高橋さんの言うように、人と人との対話、実体験こそが子どもたちにとって大切な学習であり、自分が多くの人に支えられ、生かされているということを言葉で説明するまでもなく、感じ取っていってほしいと願う。

私自身も多くの農家の方と出会い、対話し、体験させてもらうことで生活に楽しみが生まれた。人と関わることは実に楽しいことであり、自分の生活を豊かにするものである。社会科「農家の仕事」の単元が終わった後も、ふるさと公園に顔を出し、野菜を買ったり農家の方とお話したりする。春に１年生が皮むきをするそら豆の苗の様子も見せていただいた。収穫時だけでなくそれ以前の栽培の過程も大変大事なものである。

最近は魅力的ないちご農家を発見し、ハウスを見せていただき、パック詰め体験をさせていただいた。「章姫」という品種は酸味がなくとても甘い。新たな思惑として、このいちごを給食に出せるようにすることと、春休みに職員研修で「いちごの収穫体験」をすることを画策している。「顔の見える給食」の推進、そして、職員にもっと地域に目を向けて、地域教材で授業をしてほしい。そんな願いを強くもち、私の探求は今後も続くのである。

◆ 参考文献 ◆

田部俊充（2019）「新・小中高地理教育における課題と展望―企画趣旨とその概要―「身近な地域調査」を中心に―」『新地理 67―3』日本地理教育学会、pp.95-98

高橋英男（1998）『ちよだく社会教育会館だより』九段社会教育会館

（鎮西　真裕美）

第４節　地図帳を活用した教材開発
―主体的な学びの力をのばす授業づくり―

1．地図帳の活用場面を広げていくための教材開発の提案

2017（平成29）年告示の小学校学習指導要領（以下2017年版小学校学習指導要領）において、これまで第4学年から配布されていた『教科用図書　地図』を第3学年から配布するようにし、グローバル化などへの対応を図っていくことが具体的改善事項として示された。ここで「グローバル化」と表現しているように、中学年においても身近な地域と外国との結びつきも学習内容として扱う中で、地図帳の活用を図っていくことが求められているのである。さらには第3学年からの外国語活動の導入も地図帳配布学年の前倒しと大きく関わっている。

このように、教師には「グローバル化する国際社会」に対応できる子どもたちを育てていくこと、これまでの授業での地図帳の活用方法からの発想の転換を図ることが求められているのである。そこで本稿では、地図帳の活用場面を広げていく教材開発について、さらには生涯にわたって地図帳を主体的に活用するための礎をつくる社会科授業づくりについて考えていきたい。

2．第5学年産業学習における地図帳活用の事例①「水産業の学習で輸入水産物について調べる」

(1) 地図帳を活用して「主体的・対話的で深い学び」につなげる発想を持つ

第5学年「水産業のさかんな地域」の学習では、わが国が世界有数の水産業のさかんな国である一方で、漁場の変化や水産資源の減少といった生産量を安定させるための工夫に加え、水産物の輸入が増えてきたことについても学ぶ。とくに輸入水産物について扱う場面は、小学校社会科の学習において世界地誌を扱う貴重な場面であり、2017年版学習指導要領でさらに重要視されたＥＳＤの視点を取り入れた授業実践が可能である。

高学年では、扱う内容が児童にとって身近な所から離れていくイメージをもたせると、興味が薄れてしまうが、手元に地図帳を広げ、スーパーマーケットで購入した水産物を目の前にして調べ、考える授業を展開できると、教材と児童とのかかわりが深まり、多面的・多角的な学びへとつなげていくことができる。

第１表　「水産業のさかんな地域（第５学年）」の単元計画例と教材開発の視点

時間	学習内容	教材開発の視点
1	水産物の消費量の多い日本	単元の導入場面・単元を貫く学習問題の設定を共通の資料を通してクラス全員で考える。　**共通に考える**
2	沖合漁業のさかんな漁港	生産量が一番多い沖合漁業について旬の魚等をとる漁業を資料・取材等を通して調べる。　**近い地域で調べる・旬のもので調べる**
3	漁港から食卓へ	出荷・市場・運輸・サプライチェーン・価格など社会科見学等を通して調べる。　**見学を通して調べる**
4	つくり育てる漁業	水産資源を守り、環境に配慮した養しょく・さいばい漁業等について資料・取材等を通して調べる。　**当事者の思いを知る**
5	漁業別の生産量の変化と水産物の輸入	地図やグラフといった資料を統合して日本の水産業がかかえる課題を考えさせる。　**視覚化する・資料を統合する**
6	水産資源と私たちの生活	日本の水産業がかかえる問題と私たちの食生活を関連付けて捉えさせる。　**自分の身近な事柄と関連付けて捉え直す**
7	水産業の未来	持続可能な社会を構成する一員として日本の食料生産についての考えを持ち、行動に移す。　**行動に結びつける・ＳＤＧｓ**

この単元計画例では、輸入水産物について調べる場面を第5時、第6時の授業との関連で設定することができる。

例えば第５時で、教科書にあるような漁業別の生産量の変化と水産物輸入量の変化のグラフを比較して、漁場の変化や水産資源の減少などの原因から遠洋漁業や沖合漁業の生産量が大きく減ってきていることを考えさせる授業展開が考えられる。この第５時では、200 海里水域とその資源管理や水産物輸入量の増加、つくり育てる漁業のくふうと努力、漁業に従事する人材の確保といった社会的事象に目を向けることが学習のめあてとなる。そこで教師は教科書や資料集、または教師自身が準備した統計資料などを通してこれらの社会的事象への考えを深め、関連した知識を定着させることを授業の中心として構成するだろう。もちろんこれが基本であるが、これだけではどうしても獲得させたい知識から授業を構成したり、楽しい授業をめざすばかりにネタ重視になってしまったりすることが多くある。これからの時代の教育では、子どもたち自身が社会と関わり、その中にある問題に気づき、自分なりにその問題に関わろうとしていく「主体的・対話的で深い学び」に到達できるような教材開発が求められているのである。

では、子どもたち自身が社会と関わるような教材をどのように開発していったらよいだろう。水産業についての問題はグローバルな問題である。子どもたちの目の前にグローバルな問題を提示するためには、グローバルであっても、子どもたちの生活に結び付くような教材を子どもたちの手元に準備してやらねばならない。水産業は産業として捉えると子どもたちから遠い所にあることが多いが、食生活と関連付けて捉えると身近な問題になるだろう。そこで私は、第６時に入る前に、世界有数の水産資源消費量をほこる日本では漁業別の生産量の減少について、それをどのように補おうとしているか、児童自身に、実際の食卓やスーパーマーケットの店頭に並んでいる水産物、給食の食材等を調べさせる家庭学習を設定した。

(2) 食品ラベルから輸入水産物をみつける～地図帳でアクティブラーニング～

第６時では、水産資源と私たちの生活について考える授業として、子どもたち自身がスーパーマーケットの店頭に並んでいる水産物を見たり、保護者とともに購入したりしながら食品ラベルを集めるなかで、輸入水産物に注目し、それが世界のどの地域から届けられているかを調べる授業を行

写真１　スーパーマーケットで発見できる産地情報の例（左：食品ラベルに表示される産地　右：段ボールに見られる産地表記）

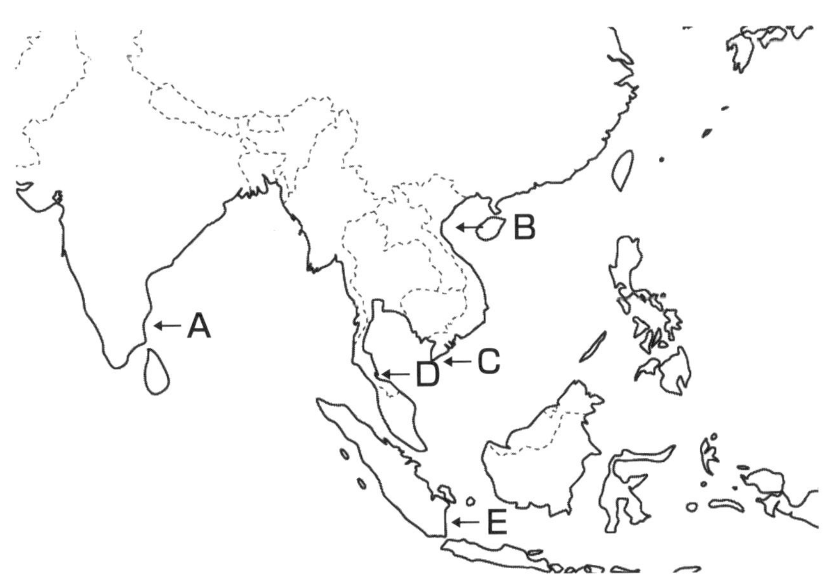

第１図　『楽しく学ぶ小学生の地図帳』p.77 ～ 78 ①アジアよりえびの絵記号を調べ、白地図に書き込んだ図
※地図帳そのものに書き込んだり、付箋をつけていったりすることがのぞましい。

った。

スーパーマーケットでは、例えば写真１のようなインド産バナメイえびの食品ラベルや特売品として並ぶパック詰め前の冷凍えびの入った段ボールを見かけることもある。これらに記載されている産地の情報を利用して、授業では『楽しく学ぶ小学生の地図帳』（以下、地図帳）の p.77 ～ 78 ①「アジア」を使用し、「私たちが普段食べているえびはどこから届いているのだろう」と問いかけた。すると、児童はインドという国名を探し、チェンナイという都市の南にえびの絵記号（第１図 A）を見つける。さらに「ほかにもえびのマークがのっているよ」といった言葉があがり、タイやベトナム、インドネシアの沿岸に記載されているえびの絵記号（第１図 B ～ E）を見つけていくことができる。

そこで、授業で確認した地名や産物記号に関しては赤鉛筆などを使用して印をつけたり、小さな付箋にメモをさせたりして学習の記録として地図帳に残しておくように声をかけた。すると、児童の記憶にも残りやすくなり、教師の側から声をかけなくても様々な授業場面で自らメモを残す様子や、その蓄積が児童にとっても学習の励みになっている様子が見受けられた。

このように地図帳を活用するとグローバルな社会的事象も自分の身近な事柄と関連付けて捉え直すことにより、自分にとって身近な社会的事象へと変容させることができる。これが「○○という地名はどこにありますか。」といった問いかけのために使うだけではない、地図帳を手元において毎回の授業を進める大きな意義でもある。

(3) 地図帳を活用してＥＳＤの視点を取り入れた多面的・多角的な学びを進めるために

さらに、地図帳を利用すると、小学校第５学年の水産業に関する学習もＥＳＤの視点を取り入れた授業実践へと広げていくことができる。例えば、先ほど児童に印をつけさせたえびの産物記号の分布について、「アジアの中でもえびの産物記号はどのような地域に多いでしょう」と問いかけると、児童からは「日本の南の方に多い」「赤道の辺りに多い」といった反応が返ってくる。この場面で、第５学年の内容である地球儀の学習で扱った赤道について、地図帳の p.73 ①「位置を表す緯度と経度」でも確認する。

地球儀の学習はもちろん教科書でも行うことができる。しかし、教科書の構成は世界の中の国土としての日本をつかむことに主眼が置かれているため、世界地図や地球儀の中で日本がどの位置にあるか、またそれを表現する方法としての「緯度」「経度」「赤道」といった知識を獲得するために分かりやすくまとめられている。ここで、教科書の学習だけで完結させるのではなく、水産業の学習の際に、改めて地図帳で「赤道」を捉え直してみると、違う角度から「赤道」という知識を活用させることができるのである。

例えば「なぜ赤道付近でえびの生産がさかんなのだろう」といった新たな問いが生まれることがある。すると、子どもたちは自分たち自身で見出した問いを解決するために目を輝かせながら、多面的・多角的な学びに向かって動き出す。ある児童は赤道付近の気候が関係しているのではないかといった予想をあげ、食品宅配のチラシの中に、もともと塩田のあった場所や農業に適さない場所でえびの養殖が行われているという産地情報を見つけたり、マングローブ林がひらかれてえびの養殖池がつくられたりすることを調べてくる。

そこで児童にマングローブ林の面積の減少の推移がわかる統計を提示すると、その統計にある国々の位置を調べ、さらに地図帳 p.105「世界の統計」で日本への輸出の項目を見ると、「えび」の記載がある国には産物記号が載っていたインドやタイ、ベトナム、インドネシアの他にもスリランカ、ミャンマーといった国々もあることを見つけることができるだろう。このようにして地図帳を活用すると、マングローブ林の減少という地球規模の自然環境問題と私たちの食生活がかかわっていることに気づき、さらには食の安全・安心や現地で働く人の労働・人権にまで関わっていることに気づき、これからの食料生産について考える学びにつなげることもできる。

このように、地図帳は教室と世界をつなぐ扉と考えると、単なる世界地図として知識を習得することにとどまらず、自分の手元にある情報から地球規模の諸課題に目を向けさせ、持続可能な社会づくりにつながる多面的・多角的な学びに誘う重要なツールとなるのである。

3．第５学年産業学習における地図帳活用の事例②「工業生産の学習での地図帳の活用」

(1) 地図で調べながら原材料の調達や貿易を学ぶ

第５学年「日本の工業生産」の学習では、工業生産のようすから学習問題を見いだし、調査したり、地図や地球儀、統計などの資料を活用したりして調べていく。とくに原材料の輸入や貿易を学ぶ場面では水産業や食料自給率の学習に続き、小学校社会科の学習において世界地誌を扱う貴重な場面の一つとなっている。

しかし、工業では、扱う内容によって、農業や水産業の学習以上に児童にとって身近なところから離れるイメージをもたせてしまうことがある。多くの原材料を他国からの輸入に頼っている日本の工業生産を発展させていくには、環境問題やエネルギー問題、他国との関係に目を向けさせていくことが必要で、手元に地図帳を広げ、「私の目の前にある工業製品が世界とつながっている」という実感を伴った理解へと深めていく時間が欠かせない。

「日本の工業生産」についての単元は、まず、身のまわりにある工業製品を分類する活動を通し、機械、金属、石油化学、食料品などをつくる工業があることを知ることから学習が始まる。実際に工場の見学に行く前には、どのような原材料を使い、どのような過程で工業製品がつくられていくか想起しにくいものもあるが、水産業の学習のつながりから、身近な食材としての缶詰をつくる食料品工業などから導入すると児童にも興味をもたせやすい。

(2) サバ缶詰やツナ缶詰はどこでつくられているか〜新たな問いを持たせる地図帳活用〜

水産物の缶びん詰の2019年の国内生産は１位がさば（44,878t）で２位がまぐろ・かつお類（31,345t）となっている[1)]。2016年以降、それまで１位であったまぐろ・かつお類を抜いたサバ缶詰は、テレビ番組でその栄養価や健康への効果が取り上げられ、特に大人の間でブームともなっている。スーパーや回転ずしのお店に行っても、その店が売りにしているサバ缶詰が目に留まりやすい位置に１つはおいてあるだろう。そんな様子を写真で見せながら（写真２)、「原料をさばとするサバ缶詰をつくる工場はどのような場所に多いだろう」と児童に問いかける。すると、水産業の学習をもとにして、「水揚高の多い銚子港や焼津港の近くではないか」「このまえ家で食べたさばは長崎県産だったよ」といった考えがあがってくる。

写真２　鮮魚売り場にあるサバ缶の陳列

第２図　『楽しく学ぶ小学生の地図帳』p.66 〜 68 ①「東北地方」より水産加工品の絵記号を調べ、白地図に書き込んだ図

そこで、地図帳を見て、水産加工品（缶詰）やさばの絵記号を探す活動を行う。するとさばの絵記号は見つからないのだが、地図帳 p.66 〜 68 ①「東北地方」を開くと、水産加工品の記号を函館（北海道）や八戸（青森県）で見つけることができる（第２図）。このうち、サバ缶詰の生産の中心地が青森県である。工場のホームページや学校向けに配布される副読本等も活用して、実際にどのようにつくられているかを調べさせるとよい。すると秋から冬の旬に、北部太平洋で漁獲される脂がのっておいしいさばを冷凍して製造していること、近隣の八戸漁港（8月〜 11月）から新鮮なさばが供給できることや、年間を通して回遊している海域を追いながら、三陸沿岸（10月〜 12月）や、銚子（12月〜６月)、沼津（1月〜６月）と連携して高品質なサバを年間通して調達できるように工夫していることに気づくことができる。日本近海を春に北上、秋に南下というパターン

の索餌回遊しているさばならではの特徴も地図帳と併せて学ぶと視覚的にも理解しやすく、沖合漁業と結びついた食料品工業において新鮮な原材料を調達するための工夫も見えてくるだろう。これらのことは地図帳に書き込むだけではなく、調べ学習において得られた情報を白地図上に関連付けて表していくと、沖合漁業についての学びが空間的にもより深められるだろう。

次に、2位のまぐろ・かつお類からつくられている缶詰であるツナ缶詰についても、その産地を調べさせたい。大人が好むサバ缶詰よりも、ツナ缶詰の方が子どもたちにとってはなじみやすいだろう。先にサバ缶詰の生産地について調べた時のように地図帳にある絵記号を使って調べることに、子どもたちも慣れてくるだろう。ツナ缶詰については原材料のうち、かつおやかつおぶしの絵記号を探す活動が分かりやすい。すると、かつおの絵記号は焼津（静岡県）と土佐清水（高知県）にあり、かつおぶしの絵記号は枕崎（鹿児島県）と焼津（静岡県）にあることがわかる。このうち、2種類の絵記号が共通して記載されている静岡県に注目して統計資料を調べると、かつお類缶詰の生産量全国1位かつ生産量が全国に占める割合も100％であることが分かる。

続いて、ツナ缶詰の製造工場の動画等を利用し、実際にどのようにつくられているかを調べると、きれいな水が大量に必要であること（地域・環境）や静岡県の中央に位置し、東京や名古屋という大消費地に東名高速道路を利用して運べること（運輸）、そしてなんといっても遠洋漁業の基地として冷凍保存できる大きな倉庫があることに気づいていくことができる。これら立地の特徴についても地図帳で調べながら学習していくと、自分が普段食べているツナ缶詰がどのようにつくられ、どのように製品として運ばれていくのかも実感を伴った理解へと変容させていくことができる。また、遠洋漁業の基地として焼津港からは、旬のまぐろを追いかけて太平洋に漁に出るが、地図帳p.75～76①「アジア・オセアニア」を開きながら、「ミクロネシア」「コーラル海」と調べていくと日本から赤道を超えて行われているツナ缶詰の原材料の確保のスケールが「世界」と結びついていることをより深く理解できるだろう。

このように、食料品工業を「日本の工業生産」の単元の導入で取り上げてみると、「どこでさかんなのだろう？」「なぜその地域でさかんなのだろう？」という新たな問いがつながっていき、その問いの答えを地図上にプロットしていくことができる。どうしても日本の工業生産というと、機械工業→海沿いに多い工業地域（太平洋ベルト）→自動車をつくる工業という学習の流れになっていくが、地図帳を使いながらの教材開発を考えていくと、それが知識の穴埋めのような学びではなく、新たな問いがつながっていくような多面的・多角的な学びへと変容させてくことができるのである。

(3) 自動車をつくる工業と世界の結びつき～自らの考えを持たせる～

今度は日本の工業生産の学習の柱となる自動車工業の学習での地図帳活用場面の設定を考えてみよう。工場や工業地帯の立地についても、その地理的条件に目を向けさせるために地図帳を活用できるとよい。

この学習では自動車の部品をつくる工場があり、またその部品の多くは世界中から輸入した鉄やアルミニウムといった原料をもとにしてつくられていることを学んでいく。地図帳p.105「世界の統計」より読み取っていくと「石炭」「鉄鉱石」といった製鉄に必要な原料はおもにオーストラリア、ブラジルから輸入していることを読み取ることができる。ここで地図帳p.75～76①「アジア・オセアニア」を開いてみると、石炭運搬船や鉱石運搬船の絵とともにオールトラリアからの海路をたどることができる。児童に指でこの海路をたどらせながら気がついたことをたずねると、「赤道を超えた南半球にあるオーストラリアから原料を輸入している」「そんなにはるばると、どれくらいの日数をかけて日本の港まで運ばれるのだろう」「ブラジルはもっと遠いはずだが、なぜそんな遠い国から輸入しているのだろう」といった疑問があげられる。

第2表に示す単元計画例では、単元のどの過程においても地図帳を継続的に活用していくために、地図帳活用の視点を設定した。地図帳は地名の確認のためのみに使用するのではなく、新たな問いをつなげていくための大切な教科書である。単元の終末に、子どもたちが海路で運ばれてきた原料を利用している日本の工業の実態や、資源やエネルギーを様々な国々との結びつきで輸入し、それが豊かな生活を支えていると実感を持って理解できるようになっていたとき、初めて持続可能な社会の担い手としての考えを子ども自身の言葉で表せるようになるのではないだろうか。

第２表　「日本の工業生産（第５学年）」の単元計画例と地図帳活用の視点

過程	小単元	主な学習活動	地図帳活用の視点
つかむ	私たちのくらしと工業生産	身の回りにある工業製品にはどのようなものがあるか調べる。	児童にとって身近な食料品工業についての記号を見つけ、どこでつくられているのかを調べる。（パン・アイス・水産加工品・しょうゆ等）
調べる		食料品工業以外の工業や日本の工業の特色を調べる。	機械工業・化学工業・金属工業・繊維工業等に関連した記号を探しながら、工業地域の分布と特色を他の統計と照らし合わせながら調べる。
まとめる		日本の工業の特色についてまとめる。	太平洋側に多い理由や内陸部にも工業地域が広がってきた理由について、地図中の根拠を示しながら説明させる。（高速道路網など）
つかむ	自動車をつくる工業	自動車をつくる工業についての工夫や努力について調べる。	自動車の組立工場と関連工場の位置や分布について調べる。（エンジン・カーエアコン・タイヤ等）
調べる		世界とつながる自動車工業や自動車の現地生産について調べる。	自動車部品に使われる鉄やアルミニウムの輸入や製鉄業、輸出入に必要な港などの立地に目を向けて調べる。
まとめる		自動車開発と未来の社会を実現する工業の役割について考える。	二酸化炭素の排出削減に目を向けて、温暖化の影響を受けやすい南極大陸や北極圏等の自然の変化を知る。（氷雪地・ホッキョクグマ）
調べる	工業生産を支える輸送と貿易	工業生産を支える輸送の手段とその特色について知る。	島国ならではの輸送の特色や、高速道路網や鉄道網の整備について建設中の記号や難工事であったトンネルや橋等に目を向けて調べる。
まとめる		貿易の特色やその変化について調べ、これからの社会への考えを持つ。	私たちの生活を支える資源・エネルギーにも目を向けて、その輸入先を調べたり、経路をたどったりしてみる。（石油・石炭・天然ガス）

４．地図帳を活用するための素地をどうつくるか

(1) より地図に親しむ子どもたちを育てるためのカリキュラム・マネジメント

ここまでは、主に第５学年産業学習における実践例を通して、地図帳の活用場面を広げていくための教材開発について述べてきた。ここから先は「グローバル化した国際社会」に対応した教育を行う観点で、中学年での地図帳の導入や低学年での世界地図の活用について考えていきたい。

まず、地理教育の先行研究では、小学校社会科における世界地誌的学習の扱いについては、中学年から世界地誌を導入すべきであるという主張と、第５学年または第６学年でアジアを取り上げるべきであるという主張があった。一方これまで、学習指導要領での世界地誌的な学習の位置づけは、「世界の主な国々と日本の結びつき」という観点で第６学年に設定され、第５学年では「世界の主な大陸と海洋、主な国の名称と位置」等でトピックス的に扱われることに留まり、暗記的な学習になりがちである。さらに中学年では、「地域の販売活動・生産活動と外国との関わり」での扱いがあるがこれまで「発達段階を考慮し、外国の様子にまで深入りすることは適切ではない。」との記述があった。2017 年版小学校学習指導要領では表現の仕方が変わり、「学習内容と関連付けながら、その都度、地図帳や地球儀などを使って確認するなどして、小学校卒業までに身に付け活用できるように工夫して指導すること。」と示されている。

つまり、世界地誌的な内容をそれぞれの学年の学習内容と関連付けながら、発達段階に応じてスパイラルに学んでいく工夫と地図帳や地球儀の活用、知識として身に付けたことを活用する場面の設定が教師に求められていると解釈することができるだろう。これは児童や地域、学校の実情に応じたカリキュラム・マネジメントの実現を図っていくことでもある。

(2) 低学年の生活の中から始める世界地図の活用

1年生の子どもたちが日常的に世界とつながっている場面の一つに給食の時間が挙げられる。例えば、給食の献立の中でも人気のカレーは、給食室でルーから手作りする小麦粉を使ったとろとろしたカレーだが、「もとはどこの国の料理だろう。」とたずねると、1年生でも「インド」という答えがすぐに返ってくる。そこでインド料理店でカレーを食べた経験を聞き出していくと、インドのカレーは日本にあるルーのようなものはなくて、スープのようなものだという文化の違いが見えてくる。ここで地図帳 p.75 ~ 76①「アジア・オセアニア」を開いて教材提示装置や、デジタル教科書を使用して見せるとインド中部にカレーの絵記号が記されている。そのカレーとセットになっているのはナンである。「学校の給食ではナンが出る時もあるんだよ。」と伝えると子どもたちは大喜びである。

もちろん、1年生の生活の場面なので、ここまで世界との結びつきが扱えたら十分なのであるが、「先生、ごはんと一緒にカレーを食べるのは日本だけなのですか。」というつぶやきも聞こえてくる。このつぶやきを生かして、「みんなでカレーについて少し調べてみようか。」というきっかけを与えるとインド料理店へ行って取材してくる児童やお家で保護者の方と調べてみる児童、インドカレーをつくってみる児童、図書館で子ども向けの異文化理解についての図書資料を借りて読んでみる児童などが現れる。このような学びをつないでいくと、1年生であっても個々が持った新たな問いをつむぎながら次のような答えにたどり着くこともできる。

・インドのカレーはイギリスに伝わって、そこで小麦粉を使ったカレーが生まれた。
・スプーンを使って食べるのはイギリス式である。
・イギリスから日本に伝わったため、日本ではカレールーが使われることが主流となった。
・インド南部では米と一緒にカレーを食べる。
・インド北部では小麦で作ったチャパティが主食。
・インドでは手を使って食事をしている。(ヒンドゥ教と食習慣との関わり)

上記の例は子どもたちにとっての世界についての新たな気づきなのであるが、社会科という観点で見ると実は、植民地支配、日本の開国、気候と作物の違い、宗教と食習慣の違いなど様々な要素が含まれていることが分かるだろう。

(3) 中学年社会科学習の中での地図活用

次に、中学年社会科学習の中での地図活用について、主に世界とのつながりを見る教材開発の事例を紹介したい。

地域の産業や消費生活の様子、販売の仕事の学びの中では、「私たちが手に取る商品」から世界とのつながりを考える学習が主流となってきた。地場産業として世界から原料を調達しているような食品工場がある地域、高原野菜の産地等で外国人技能実習生を多く受け入れている地域など、子どもたちが実生活の中で外国との結びつきを日常的に感じている地域では、それを深く考える学びを設定していけばよいだろう。ただ全ての学校で学びに適したトピックがあるわけではない。学校のまわりを巡るフィールドワークの際に、出会った地域の方々に「外国との結びつきを感じるのはどのような時ですか。」「お仕事に関係する国はどこですか。」といった質問を投げかけて、地域と世界の結びつきについての情報を収集し、学校のまわりの様子をまとめる際に、一つの視点として持たせたり、絵地図に国旗を立てていったりすることも可能だろう。

現行の第3学年の教科書ではスーパーマーケットにある品物がどこから届けられているか、その品物の産地やその国の国旗を地図帳で確かめようという活動が例示されている。この外国とのつながりをさらに多面的・多角的な学びへと変容させるための第4学年での事例を紹介したい。自分の住む都道府県の産業と世界のつながりを考える学習場面で、東京都の特色ある地域である小笠原村の特産物であるパッションフルーツを学んだ際、国内では他にパッションフルーツを作っている地域があるのかという問いが生まれた。その問いを資料にもとづいて調べていくと、出荷量の統計[2]で鹿児島県(1位)、沖縄県(2位)、千葉県(4位)、岐阜県(5位)といった地域が挙がり、国内産のものでも出回る時期が違い、気候や栽培の工夫の違いがあることが分かった。さらには外国産のものと国内産のものでは出回る時期が違い、私たちの食生活と世界とのつながりについての自分の考えを持つという学びの深まりに向かわせることができる。

第３表　パッションフルーツ産地の出荷最盛期

産地	1月	2月	3月	4月	5月	6月	7月	8月	9月	10月	11月	12月
ニュージーランド												
アメリカ												
鹿児島												
沖縄												
小笠原（東京）												
岐阜												

写真３　小笠原産パッションフルーツ

パッションフルーツは東京都島しょ部の特産物として特別な事例であるが、他の地域のカボチャ、レモンなどでも、国産のもので旬のものが出回らない時期には外国産の品物で私たちの食生活の豊かさが補われていることに気づくことができるだろう。また、外国産の安い品物が出回らない時期には、多少値段が高くても新鮮な国産の品物が消費者に選ばれることによって島しょ部の特色ある気候を生かした産業が成り立っているといった考えを深める学びの場面となるだろう。これらの学習の際に、国内の産地である鹿児島県（奄美市・瀬戸内町・大崎町）、沖縄県（糸満市・恩納村・石垣市）、東京都（小笠原村）、岐阜県（関市）がどこに位置するかを地図帳で確認することはもちろん、ニュージーランドが南半球に位置していることを地図帳や地球儀で確認することは第３表の資料を多面的・多角的に読み解く際に重要な学習活動となってくるのである。

５．おわりに

本稿の途中でも述べたように、地図帳は教室と世界をつなぐ扉である。知識・技能という観点からみると、地図帳は知識の宝庫であり、調べるための技能も第３学年から一貫して使用する教科書として蓄積していくことができる。思考力・判断力・表現力等という観点からは、他の資料や活動の経験と併せて活用すると自らの考えを深め、論理的に表現するための資料とすることができる。学びに向かう力・人間性等という観点からは、まさにどのように社会・世界に関わり、生涯にわたってそれらとつながりながらよりよい人生を送るためのツールとなりえるのである。今、教師には「グローバル化した国際社会」に対応できる子どもたちを育てるための教材を開発する力が求められているのである。

●注●

1)　（公社）日本缶詰びん詰レトルト食品協会　国内生産数量統計より。

2)　農林水産省生産局園芸作物課　平成 29 年産特産果樹生産動態等調査より。

◆参考文献◆

桑原正孝（2017）:「<わたしの地図活用>５年 水産業の学習で輸入水産物について調べる」. こどもと地図 2017 年度１学期号, pp.10-11, 帝国書院

桑原正孝（2017）:「<わたしの地図活用>５年 地図で調べながら原材料の輸入や貿易を学ぶ」. こどもと地図 2017 年度２学期号, pp.8-9, 帝国書院

帝国書院編集部（2019）『楽しく学ぶ　小学生の地図帳　３・４・５・６年』, 帝国書院

（桑原　正孝）

第3章
◆
理論編

第１節　社会科学習指導要領の変遷

１．戦後教育改革と社会科の誕生

(1) 社会科の誕生まで

戦前の日本には、社会科という名称の教科は存在せず、「国史」「地理」「修身」「法制・経済」「公民」等の教科がおかれていた。とくに、1907年の小学校令改正により、1908年から義務教育が6年間になると、尋常小学校5～6年生で「日本歴史」と「地理」がおかれ、このうち「日本歴史」は必修科目であった。

これ以外にも、戦前の小学校では社会科的な教育として、郷土教育や生活綴り方教育が行われていた。ただし、当時の郷土教育は、郷土社会に現存する問題を掘り起こした教材を用いて、子どもたちにとって身近な問題を考えさせるというものではなかった。あくまでも、郷土の社会中に教材を求めて児童や生徒の郷土愛を育み、それを国家に対する愛情へと結び付けていくものであった。一方、綴り方教育は、国語教育における文章表現という枠に留まらず、自分の目で周囲の生活を見つめ、社会の問題を考え、生活主体者としての自覚を目標とする生活綴り方教育へと発展した。

しかし、戦時下になり、1941年に国民学校令がでると、小学校が国民学校と改称され、国史・地理・修身などを統合した科目として「国民科」が設置された。1943年には、中学校にも国民科が設置され、「皇国民の錬成」を目的とした教育が行われ、終戦まで続いた。

1945年8月、日本がポツダム宣言を受諾し連合国に降伏し、終戦を迎えると、ＧＨＱ（連合国軍総司令部）は、1945年10月に「日本教育制度ニ対スル管理政策」を指令し、日本の教育界から軍国主義、極端な国家主義を排除する四大教育指令が出され、同年12月に「修身・日本歴史及ビ地理停止ニ関スル件」が出され、「国史」「地理」「修身」の授業の停止と教科書の回収がなされた。

これに先立って、日本政府と文部省も、教育改革に着手していた。1945年9月には、軍国主義思想の払拭と平和国家建設を目指す「新日本建設ノ教育方針」を発表した。また、同年11月には、文部省内に公民教育刷新委員会を設置して、修身に代わる新しい公民教育の在り方を審議した。翌月に出された答申では、戦前の公民教育が生徒の自主性を軽視してきたこと、今後は社会生活に基礎を置いて、児童・生徒の経験や興味・関心、さらに自主性を尊重し、合理的・科学的な思考を育成することが提言された。しかし、「新日本建設ノ教育方針」は、超国家主義の源泉である「国体」と平和国家が共存し、ポツダム宣言の平和規定を尊重する姿勢が曖昧であり、旧来の天皇制の温存保持を図ろうとする保守層の意図が示されるものであった。そのため、アメリカの国務省は痛烈な批判の内容を含む調査報告を出し、これを契機に四大教育指令を発したのである。

1946年3月、第1次アメリカ教育使節団が来日し、軍国主義・国家主義教育の否定と教育の民主化を奨励する報告書を提出した。ここで、つめこみ主義、画一主義といった教授法を改めることを求めるとともに、新たな教授法の事例としてアメリカのSocial Studies（社会科）が示された。GHQ内に設けられたCIE（Civil Information and Education Section、民間情報教育局）の指導のもとに、1946年10月、文部省に社会科委員会が設置され、教科の枠組みを超えた融合カリキュラムの形態をとるヴァージニア・プラン等のカリキュラムが示された。ヴァージニア・プランは、社会の諸機能と生徒の興味の中心の交わるところに問題単元を設定し、その問題解決の過程を通して、生徒に社会の諸問題を取組んでいく市民的資質の育成を目標としたカリキュラムである。こうしたカリキュラムを参考にしながら、1947年4月、これまでの「国史」「地理」「公民」「修身」などの教科を融合し、総合的な学習を担う新しい教科「社会科」が誕生した。

(2) 学習指導要領の誕生（初期社会科・経験主義）

① 1947年版『学習指導要領（試案）』

1947年5月に小学校用の『学習指導要領社会科編Ⅰ（試案）』、同年6月に中学校用の『学習指導要領社会科編Ⅱ（試案）』が発行され、9月から社会科の授業が各地の学校で始まった。

この学習指導要領は、「試案」という文字が表わしているように、「教師自身が自分で研究していく手引きとして書かれたもの」[1]とされ、戦前の教授項目や教師用書のような絶対的な権威はなく、あくまでも子どもの実状に合わせてカリキュラムを作成する際の「手びき」という位置づけであった。

学習指導要領には、社会科の性格について「今度新しく設けられた社会科の任務は、青少年に社会生活を理解させ、その進展に力を致す態度や能力を養成すること」と記され、民主的な社会の建設を担うことの出来る資質の育成が目指された。また、「社会的経験を今までよりも、もっと豊かにもっと深いものに発展させていこうとする」ことに重きを置いていることが記されている。つまり、新教科としての社会科では、学問的な系統よりも児童生徒の生活経験を重視し、知識よりも社会生活の進展や生活上の諸問題の解決に発揮できる力の育成がねらわれたのだ。こうした児童・生徒が主体的に考え、どのように行動すべきかを探る問題解決学習に立つ社会科のカリキュラムは、その後に改訂された社会科とは異なる考え方に基づいていたことから、「初期社会科」と呼ばれている。

② 1951 年版学習指導要領（第１次改訂）

第１次改訂では、社会科の性格や内容構成については基本的に変わらず、47 年版学習指導要領が踏襲された。ただし、47 年版の学習指導要領では、アメリカのヴァージニア・プランなどを参考にして作成されており、必ずしも日本の社会や教育の実情に合っているとはいえなかったため、教科としての社会科の位置づけを明確にし、実状に合わなかった点が改められた。

小学校社会科の改訂の要点は、社会科の目標をより簡潔・明確に示したこと、児童の発達特性に合わせて各学年の単元基底例を修正したこと、各単元の基底例のねらいを明確にして指導の観点を示したこと、社会科における評価の観点を示したことなどである。

コラム　系統学習と問題解決学習

系統学習とは、学問の系統にそって編成された学習内容を順序良く学んでいく方法であります。短時間に多くの知識を児童・生徒に伝えることができる点に利点があります。しかし、系統学習は、教師が主体となって授業をすすめていくため、児童・生徒の自主的・主体的な活動や学びを展開しにくいという点が指摘されます。そこで、生徒の興味・関心に応じた内容を組織し学習を進めていくべきであるとする立場からでてきた学習方法が、問題解決学習です。これは、経験主義に基づく学習活動であり、問題解決学習とは、児童・生徒が現実の生活の中で直面する切実な問題の解決を目指して深く追究することで、社会生活の広範な領域を掴ませるという理念に基づくものです。

ところで、「問題解決」型の社会科の授業には２種類あります。一つは、狭義の「問題解決」型授業で、1947 年・1951 年版学習指導要領社会科編（試案）に基づく授業実践や、社会科初志の会などの実践に見られます。それらの実践は、いわゆる、問題解決学習の社会科の授業です。もう一つは、広義の「問題解決」型授業で、いわゆる「問題解決的な学習」といわれるものです。平成 29 年版小学校学習指導要領社会でも、その充実を求めています。「問題解決的な学習」とは、簡単に説明すると、子どもが問題設定の後、解決すなわち答えを明らかにして終える学習です。このタイプの授業は、問題から解決へという過程そのものに特色があります。

【ワーク１】

1.（　）内に入る言葉を記入しなさい。

(1) 1930 年代以降、戦時体制に向かう中で、国民としての資質の育成が強化された。1940 年代に入ると皇国民錬成を目標とした国民科が設置される。この国民科は国語・（　①　）・（　②　）・（　③　）の４科目を１科目としたものである。

(2) 社会科は、成立当初からその目指すべき人間像の中に（　①　）社会の建設や（　②　）の発展を置いていた。その基本的な精神は今日に至るも変わっていない。

2．経験主義から系統主義へ（1955 年版、1958 年版、1969 年版学習指導要領）

1950 年、朝鮮戦争が勃発し、教育の民主化を目指していた占領政策は転機を迎える。1951 年のサンフランシスコ平和条約の締結により、日本は独立国家として国際社会への復活と同時に日米安保体制に組み込まれることになり、いわゆる西側諸国の一員として国際社会で歩んでいくことになる。こうした流れのなかで、日本の文教政策も変容し、愛国心教育の強調と道徳教育（修身）の必要性が訴えられ、それに関して社会科の教科構造の見直しが行われた。

1952 年、教育課程審議会に「社会科の改善、特に地理・歴史・道徳教育について」の諮問がなされた。これに対して、翌1953年8月に出された答申では「民主主義の育成に対して重要な教育的役割をになう」社会科の基本的なねらいは今後も継承していくとしながらも、学習方法の改善を促した。答申では、その学習が「どの学校でも効果をあげるためには、現在の学習指導要領を改訂し、指導計画に思い切った改善を加え、（略）指導法の誤りを正して、社会科教育を着実なものにすることが必要である。」とした。これは、「経験ばかりが重視されて、知識が断片的に扱われている」「調査のまねごとはやめるべき」という批判の声を受けている。答申を受けて文部省は、「社会科の改善についての方策」を発表し、初期社会科の在り方は大きな転換期を迎えた。

(1) 1955年版学習指導要領（第2次改訂）

1955年に行われた第2次改訂は、社会科のみを対象とした異例のものであり、そのため社会科の改訂は他の教科より1回多い。また、この時の改訂から、学習指導要領では「試案」の文言が削除された。

小学校社会科における改訂の要点は、以下の4点である。

①小・中学校の一貫性をはかるように留意したこと。
②道徳的指導、あるいは地理、歴史、政治、経済、社会等の分野についての学習が各学年を通じて系統的に、またその学年の発達段階に即して行われるように、各学年の基本目標とこれを裏付ける具体目標とを設定し、在来の学年目標をいちだんと具体化するようにつとめたこと。
③学年の主題、学習の領域案に新たな工夫を加えたこと。
④第6学年の修了までには、中学校における地誌学習の基礎やわが国も各時代の様子の理解が従来以上に児童に身につくように配慮したこと

地理、歴史、政治、経済、社会の分野の強調と系統化への方向が打ち出され、高学年に地理、歴史の系統学習を設置した。

(2) 1958年版学習指導要領（第3次改訂）

第3次改訂の特徴は、学習指導要領が教師のための「手びき」ではなく、法的拘束力をもつ教育課程の国家基準として「告示」されるようになったことである。また、「道徳の時間」が特設され、教育課程の編成が教科・特別教育活動・道徳・学校行事の4領域となった。

小学校社会科の目標には、経験に基づく学習の重要性が指摘されたが、初期社会科の性格は変容し、系統学習へと移行する内容となった。また、この改訂で、目標に「郷土や国土に対する愛情を養う」、「先人の業績やすぐれた文化遺産を尊重する態度、正しい国民的自覚をもって国家や社会の発展に尽そうとする態度などを養う」などの文言が登場し、国民的自覚や愛国心と道徳の関連が強調された。

【ワーク2】

1.（　）内に入る言葉を書きなさい。

(1) 1951年、サンフランシスコ平和条約の締結により、日本は独立国家として国際社会への復活と同時に日米安保体制に組み込まれ、西側諸国の一員として国際社会で歩んでいくことになる。そうしたなかで、日本の文教政策も変容し、（　①　）の強調と（　②　）の必要性が訴えられ、それに関わって社会科の教科構造の見直しが行われた。

(2) 1947年、最初に出された学習指導要領には「（　①　）」の文字が付されていた。「（　①　）」という言葉は、学習指導要領が現場の教師にとって手引き・参考であることを示している。しかし、「（　①　）」の文字はその後削除され、（　②　）年に行われた第3次改訂の折に（　③　）をもつ教育課程の国家基準として「（　④　）」されるようになった。

2.（　）内の言葉を入れたうえで、下線部分に関連した以下の設問に答えなさい。

（　①　）学習とは、学問の（　①　）にそって編成された学習内容を順序良く学んでいく方法である。一方、（　②　）学習は、生徒の興味・関心に応じた内容を組織し学習を進めていく方法であり、（　③　）に基づく学習活動であり、課題達成の過程で獲得する知識・技能だけでなく、習得する能力や（　④　）する力をも獲得することを目的としている。

【設問】 2.（　②　）学習の目的と、メリットとデメリットを、それぞれ説明しなさい。

(3) 1969 年版学習指導要領（第４次改訂／教育の現代化）

1957 年、ソ連の人工衛星スプートニックが打ち上げられたことは、アメリカに大きな衝撃を与えた。ソ連との科学技術競争が激化し、科学的な思考や概念の獲得を重視する科学主義の教育が浮上し、教育内容を学問中心のカリキュラムで構成する教育の現代化運動が起り、日本の学校教育のカリキュラムにも影響を与えた。

これと同時期、1950 年代後半以降、日本は高度経済成長期に突入し、60 年代半ばには日本のＧＮＰは世界第２位になり、国民の生活水準は向上した。日本の社会・経済状況や国際的地位が大きく変化すると、産業界から技術革新・経済発展に寄与できる質の高い人材が要求されるようになる。また、教育・文化も国民に普及し、高等学校への進学者も急増した。こうした流れのなかで改定された 1968 年版学習指導要領は、授業時数が拡大され、各教科とも内容の高度化や系統的な知識を教え込む学習が中心となった。

小学校社会科の改訂の要点は、①社会科の目標を「公民的資質の基礎を養う」と明確化した点、②内容構成を変更し、「家庭→地域→市町村→県→国」と学習対象が広がる同心円的拡大方式を採用し、「郷土」という言葉を「地域」に変更した点、③歴史学習の改善：歴史的因果関係の把握に傾倒した学習から、歴史上の人物の働きや文化遺産を中心として学習し、歴史的な興味や理解を深めることが目指されるようになった点の３点に加え、「自己をほかの人の立場に置き換え、役割や態度を推し量り、引き受け」、共感することを通して、その出来事や行為の意味を理解するという理解型社会科であった点が挙げられる。

3．「ゆとり教育」への転換（1977 年版、1989 年版学習指導要領）

(1) 1977 年版学習指導要領（第５次改訂／教育の人間化）

先の改定（第４次改訂）で、「教育の現代化」の動向の下、学習する内容の高度化が図られ、「つめこみ教育」「知識偏重」が加速し、受験競争も激化した。一方で、「落ちこぼれ」が社会問題となり、落ちこぼれた生徒たちによる校内暴力等の問題がニュースになった。

こうした事態を受けて、文部省は教育課程審議会に「小学校、中学校及び高等学校の教育課程の改善について」の諮問を行った。教育課程審議会は、1976 年、「人間性豊かな児童生徒」「ゆとりある充実した学校生活」「基礎的・基本的な内容の重視」の３点を挙げた。これは、「教育の現代化」に対し「教育の人間化」を「唱えるもの」であり、過密すぎた教育課程を見直し、時間数の削減の方向性を打ち出した。社会科については、「人間尊重」の立場を基本とし、「環境や資源」についての正しい認識を育てること、「国際理解」を深めることなどがあげられた。この答申にそって、1977 年版学習指導要領は告示された。

小学校社会科では、基礎的・基本的な内容の重視という面から、内容が精選された。低学年では、基本的な事柄を明確に理解できるように、具体的観察や表現を重視し、知識中心の学習にならないように合科指導を行うようにした。中学年では、各学年で学習する行政区分を限定する同心円的拡大方式を改め、市町村と都道府県の内容を関連的に扱い、関係性を重視した学習を目指した。高学年では、第５学年で扱う産業学習の内容を精選して、農業・水産業・工業に重点化するとともに、伝統的な工業の学習が加えられた。また、第６学年の歴史学習では、人物、文化遺産を中心に学習することが徹底された。

【ワーク 3】

1.（　　）内の言葉を入れたうえで、下線部分に関連した以下の設問に答えなさい。

学習指導要領第４次改訂で、「$_A$教育の（　　①　　）」が図られたが、その結果として、受験競争の激化や「落ちこぼれ」が社会問題となり、校内暴力等の問題が当時ニュースとしてマスコミを騒がせていた。こうした事態をうけて、1976 年、教育課程審議会は「$_B$教育の（　　②　　）」を唱え、「人間性豊かな児童生徒」「（　　③　　）ある充実した学校生活」「基礎的･基本的な内容の重視」の３点を挙げた。

【設問】 下線部ＡとＢについて、当時の時代背景も踏まえて説明しましょう。

(2) 1989年版学習指導要領（第6次改訂／「生きる力」）

1989年に改訂された学習指導要領は、臨時教育審議会（1984 ～ 1987年）が大きな役割を果たした。臨時教育審議会は、依然としてなくならない校内暴力やいじめなどの教育問題を解決するために、中曽根康弘内閣によって1984年に設置された首相の諮問機関である。1987年12月、臨時教育審議会は最終答申を出し、「個性重視の原則」、「生涯学習体系への移行」、「国際社会への貢献」、「情報社会への対応」を今後の教育の柱として提言した。社会科に関しては、1986年の第2次答申で、小学校低学年の教科統合と中等教育段階の社会科のあり方の見直しを提言している。臨時教育審議会の答申を受けて、教育課程審議会は教育課程の基準に関する以下の4つの改善方針を挙げた。

①豊かな心をもち、たくましく生きる人間の育成
②自ら学ぶ意欲と社会の変化に主体的に対応できる能力の育成の重視（「新しい学力観」）
③国民として必要とされる基礎的・基本的な内容の重視と、個性を生かす教育の充実
④国際理解を深め、我が国の文化と伝統を尊重する態度の育成

これらを受けて、1989年の学習指導要領の第6次改訂では、社会科が成立して以来はじめての教育課程の大幅な改編が行われた。小学校の低学年社会科と理科が廃止され、低学年に生活科が新設され、高等学校では社会科が解体・再編され、地理歴史科と公民科になった。

小学校低学年社会科・理科を廃止し、生活科を新設した理由について、教育審議会答申では、「低学年については、生活や学習の基礎的な能力や態度などの育成を重視し、低学年児童の心身の発達状況に即した学習指導要領が展開できるようにする観点から、新教科としての生活科を設定し、体験的な学習を通して総合的な指導を一層推進するのが適当である。」と、説明している。つまり、低学年の発達段階を考慮して、体験的学習、総合的な指導をするために、生活科が新設されたのだ。その背景には、①従前の低学年社会科の実状が知識伝達に終始しやすい傾向があったこと、②第5次改訂の1977年版学習指導要領で強調された合科的な指導の成果が不充分であったことなどが挙げられる。

表1　1989年版学習指導要領（第6次改訂）小学校社会科の改善事項

<table>
<tr><th>改善事項
学年</th><th>地域学習の改善</th><th>産業学習の改善</th><th>歴史学習の充実</th><th>国旗・国歌の指導の充実</th><th>内容の構造と集約</th><th></th></tr>
<tr><td>第3学年</td><td rowspan="2">・［生活科］との関連を考慮して、第3学年の単元を工夫
・他地域との結び付きだけではなく、［外国］とのかかわりにも気づかせる
・消費者の立場から地域社会での消費生活を扱う
・災害だけでなく、交通事故、盗難なども扱う</td><td></td><td></td><td></td><td></td><td rowspan="4">具体的な活動や【体験学習】の重視</td></tr>
<tr><td>第4学年</td><td></td><td></td><td>・［国旗］を取り上げて学習する</td><td></td></tr>
<tr><td>第5学年</td><td></td><td>・［産業構造］や［社会の変化］に対応するといった観点から、運輸・通信などの産業も取り上げる</td><td></td><td></td><td>・産業学習に関する具体的事例を焦点化して絞る</td></tr>
<tr><td>第6学年</td><td></td><td></td><td>・歴史上の主な事象に絞り、12項目に区分して明示
・［人物］や［文化遺産］を中心とした学習の一層の推進
・人物名の明記
・政治の中心地に由来した学習</td><td>・［国旗］［国歌］を取り上げて学習する</td><td>・それまで第4学年で行っていた［公共施設ができるまで］の学習を、第6学年の［政治の働き］に集約</td></tr>
</table>

【ワーク４】
1. 以下の空欄に入る言葉を答えたうえで、設問に答えなさい。
1989 年の学習指導要領改訂では、1984 年〜 87 年にかけて設置された（　①　）が大きな役割を果たした。この改訂では、社会科が成立して以来初めての教育課程の大幅な改編が行われた。
【設問】小学校と高等学校の社会科に関する大幅な改編とはどのようなものであったのか。説明しなさい。

4.「ゆとり教育」から「確かな学力」へ（1998 年版、2008 年版学習指導要領）

(1) 1998 年版学習指導要領（第７次改訂／「生きる力」）

1998 年、第７次学習指導要領改訂では、学校週５日制を完全実施し、ゆとりの中で特色ある教育を打ち出す「ゆとり教育」が推進された。

1996 年７月、中央教育審議会第１次答申が出され、学校週５日制の完全実施のなかで「ゆとり教育」、「生きる力」の提唱、「総合的な学習の時間」の創設などが提言された。これを受けて、同年８月、文部大臣が教育課程審議会に「教育課程の基準の改善について」を諮問し、1998 年７月に最終答申が出された。この答申では、完全学校週５日制導入のもと、ゆとりの中で「ゆとり教育」を展開し、幼児・児童・生徒に「生きる力」を育成することを基本的なねらいとして、以下の４つの点を提示した。

①豊かな人間性や社会性、国際社会に生きる日本人としての自覚を育成する（国際理解の学習及び歴史学習）
②自ら学び、考える力を育成する（「生きる力」の育成）
③ゆとりある教育活動を展開する中で、基礎基本の確実な定着を図り、個性を生かす教育を充実する（学習内容の精選）
④各学年の創意工夫を生かし特色ある教育、特色ある学校づくりを進める（「総合的な学習の時間」の創設）

これらのねらいを受けて、社会科では「日本人としての自覚、国際社会の中で主体的に生きる資質や能力の育成」、「社会の変化に自ら対応する能力や態度の育成」とそれを実現させるための「基礎的・基本的な内容の厳選及び児童・生徒の主体的な学習の重視」が挙げられた。具体的な改訂事項は、表２の通りである。

全体的に学習内容の精選・厳選の方向性が示されている。これは、「総合的な学習の時間」創設に伴う授業時間削減とともに、地域の実態や児童・生徒の興味・関心にそった学習を行うための配慮でもあった。しかし、行き過ぎた学習内容の厳選という批判が生じ、2003 年には発展的な学習を容認するという学習指導要領の一部改正が行われた。

表２　1998 年版学習指導要領（第７次改訂）小学校社会科の改善事項

学年＼改善事項	地域学習の改善	産業と国土の学習改善	歴史学習の充実	政治に関する学習の改善	国際理解に関する学習の改善
第３学年	２年間分の学習内容をまとめて提示				
第４学年	内容全般の整理・厳選（削除・統合・集約統合・移行・以降統合）				

第５学年		社会事象の調査、各種資料の活用により、学習を具体的に展開 ・産業学習の具体的事例の選択 ・貿易と運輸の働きを、農業水産業・工業の内容と関連付けて扱う ・伝統的な工業に関する内容に移行 ・国土の様子に関する内容のうち、人口、資源分布等は中学校へ移行			・第４学年および第６学年に加えて第５学年でも、日本や諸外国の国旗について扱う
第６学年			人物の働きや代表的な文化遺産を中心にした歴史学習 ・厳選の観点から歴史上の代表的な事象に絞った学習。室町時代と江戸時代の文化は選択学習。 ・戦後の歴史は、オリンピック等をとりあげ、国民生活の向上と国際社会で担う重要な役割を学習	・身近な公共施設の建設、地域開発、災害復旧の取組みなどの具体的事例を通した学習 ・政治の働きと日本の政治の考え方について、より具体的に理解できるようにする	・国際交流や国際連合の働きに加えて、国際協力の様子も扱う

(2) 2008 年版学習指導要領（第８次改訂）

2008 年の第８次学習指導要領改訂には、2006 年の教育基本法改正、および 2007 年の学校教育法改正や、OECD（政府開発機構）による児童・生徒の学習到達度調査（PISA）の結果が大きく影響している。教育基本法改正では、「我が国の郷土を愛する」「態度を養う」ことが、第２条で公教育の目標の一つとして規定され、学習指導要領改訂でも道徳性が強調された。社会科では、日本の「伝統と文化」の学習、「公共の精神」の育成、社会参加が強調され、『小学校学習指導要領解説社会編』では、社会科における道徳教育の指導、社会科と道徳との連携指導についても記載された。

また、PISA の結果は、「学力低下」の傾向を示しており、第７次学習指導要領改訂における大幅な授業時間削減が批判された。こうした流れの中で行われた第８次改訂では、従前の「生きる力」の理念を継承するとともに、「習得・活用・探究」に基づく確かな学力の育成が重視され、思考力・判断力・表現力等の育成、言語活動の充実などが示された。「言語活動の充実」に関して、社会科では、様々な資料を適切に収集・活用して、社会的事象を多角的・多面的に考察し、公正に判断するとともに、適切に表現する能力や態度を育むことが目標とされた。思考力や表現力の育成を強化し、問題解決的な学習を維持・発展することが求められた。

５．2017 年版学習指導要領（第９次改訂）

2017 年３月に小学校および中学校の第９次学習指導要領改訂が行われ、2020 年４月に小学校で、2021 年４月に中学校で全面実施となる。また、高等学校は 2018 年３月に改訂され、2022 年４月に全面実施となる。

第８次改訂からの大きな変更点として２つのことが挙げられる。一つは、目標と内容を、「知識及び技能」「思考力・判断力・表現力等」「学びに向かう力、人間性等」の３つの育成すべき資質・能力の柱のもとに、体系化し再整理している点である。もう一つの点は、第８次改訂では、学習内容の理解に重点が置かれていたが、第９次改訂では、学習内容の理解に加えて、習得した知識をどのように活用するかという能力がより求められるようになった点である。そのため、「主体的・対話的で深い学び」の実現に向けた授業改善が推進される。さらに、各学校で、教育課程に基づいて、組織的・計画的に教育活動の質の向上を図るためのカリキュラム・マネジメントに基づく授業デザインが求められている。

【ワーク５】
1. 以下の空欄に入る言葉を書きなさい。
　1998年の学習指導要領第7次改訂では、「（　①　）」が推進された。基本理念として、「（　②　）」を掲げ、その中核的な担い手として「総合的な学習の時間」を創設した。社会科では、国際化の時代を踏まえ、日本人として主体的に生きていくことを実現させるために、「基礎的・基本的な（　③　）及び児童・生徒の（　④　）の重視」が挙げられた。しかし、行き過ぎた（　③　）への批判が生じ、2003年には発展的な学習を容認するという学習指導要領の一部改正が行われた。
　こうした流れの中で2008年に行われた第８次改訂では、従前の「（　②　）」の理念を継承するとともに、「習得・活用・探究」に基づく（　⑤　）の育成が重視され、思考力・判断力・表現力等の育成、（　⑥　）の充実などが示された。

解答

【ワーク１】
1．（１）①修身　②国史　③地理　（順不同）（２）①民主主義　②公民的資質（市民的資質）
【ワーク２】
1．（１）①愛国心教育　②道徳教育（２）①試案　② 1958　③法的拘束力　④告示
2．①系統　②経験　③経験主義　④活用
【設問】メリットとしては、学習が、学習者の興味・問題から出発するので、生活の場に密接に結びつく学習が展開され、学習活動が活発で効果的になることが挙げられる。一方で、デメリットとしては、現在の問題に関心が集中し文化体系の習得が困難になることや、社会・文化の変化への対応が遅れがちとなることに加え、学校や地域社会の体制が適切に整えられにくいといったことが挙げられる。
【ワーク３】
1．①現代化　②人間化　③ゆとり
【設問】下線Ａ（教育の現代化）：米ソの冷戦構造の下、ソ連との科学技術競争が激化していた当時のアメリカの教育界では、科学的な思考や概念の獲得を重視する科学の教育が浮上していた。そうしたなかで、教育内容を学問中心のカリキュラムで構成する教育の現代化運動がおき、教育内容の高度化、レベルアップが図られた。
　下線Ｂ（教育の人間化）：高度で過密な教科内容と急ぎ足の授業展開によって、授業についていけない「落ちこぼれ」の子どもが増大し、教育荒廃の元凶として厳しく批判されるようになった。こうした学習指導論の欠陥やいき過ぎの反省として、1970年以降、知・情・意・体の調和のとれた「人間性」に焦点を当てた、人間的なカリキュラムによる教育を志向する学習指導が求められた。「人間性豊かな児童生徒を育てる」ことが教育の大事な要素であることが学習指導要領に明記され、後にゆとり教育と言われるようになる教育問題の出発点となった。
【ワーク４】
1．①臨時教育審議会
【設問】小学校１・２年　→　社会科と理科を統合した「生活科」が新設された
　高等学校社会科　→　地理歴史科及び公民科という２つの教科を設置した
【ワーク５】
1．①ゆとり教育　②生きる力　③内容の厳選　④主体的な学習　⑤確かな学力　⑥言語活動

●注●
1）「学習指導要領一般編」（1947年）上田薫編集代表『社会科教育史資料１』東京法令出版、1974年、p.198。

（齋藤　慶子）

【ワーク 1】

1.

(1)	①	②	③
(2)	①	②	

【ワーク 2】

1.

(1)	①	②	
(2)	①	②	③
	④		

2.

	①	②	③
	④		
設問			

【ワーク 3】

1.

	①	②	③
設問	A		
	B		

【ワーク 4】

1.

	①
設問	

【ワーク 5】

1.

①	②	③
④	⑤	⑥

第２節　小学校社会科における情報教育

1．学習指導要領等にみる情報教育の位置づけ

小学校学習指導要領（平成29年度告示）（以下、学習指導要領）では、言語能力、情報活用能力、問題発見・解決能力等を学習の基盤となる資質・能力として位置づけ、情報活用能力については「情報活用能力の育成を図るため、各学校において、コンピュータや情報通信ネットワークなどの情報手段を活用するために必要な環境を整え、これらを適切に活用した学習活動の充実を図ること。また、各種の統計資料や新聞、視聴覚教材や教育機器などの教材・教具の適切な活用を図ること。」としている。

なお、情報活用能力は、図１のように、「情報活用の実践力」「情報の科学的な理解」「情報社会に参画する態度」の３観点と８要素に整理されており、小学校学習指導要領（平成29年度告示）解説総則編（以下、学習指導要領解説総則編）において、「世の中の様々な事象を情報とその結び付きとして捉え、情報及び情報技術を適切かつ効果的に活用して、問題を発見・解決したり自分の考えを形成したりしていくために必要な資質・能力」で、具体的には「学習活動において必要に応じてコンピュータ等の情報手段を適切に用いて情報を得たり、情報を整理・比較したり、得られた情報を分かりやすく発信・伝達したり、必要に応じて保存・共有したりといったことができる力」で、「各教科等の学びを支える基盤であり、これを確実に育んでいくためには、各教科等の特質に応じて適切な学習場面で育成を図ることが重要である」と示されている。

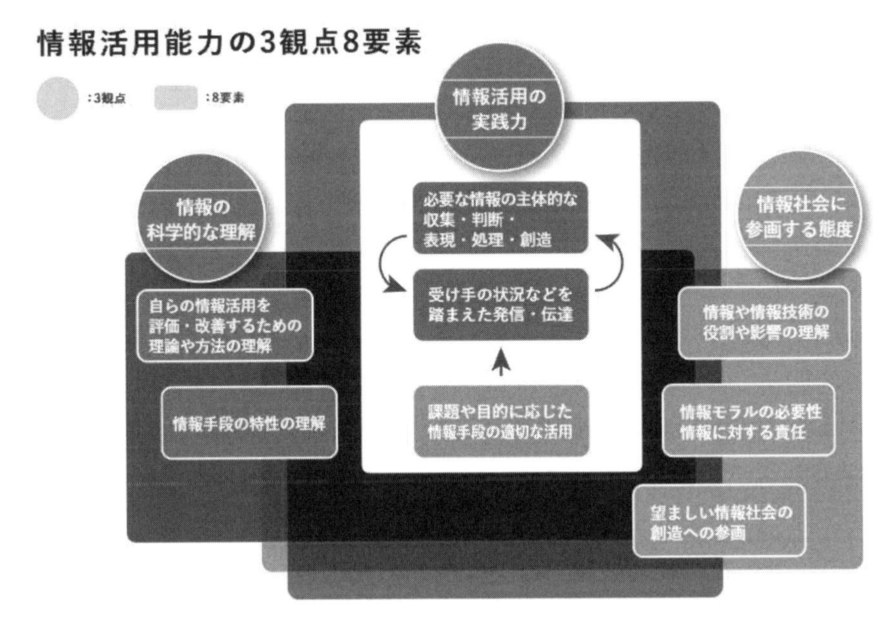

図１　「21世紀を生き抜く児童生徒の情報活用能力育成のために」：文部科学省（2017）

さらに、ICTの学習への活用については、学習指導要領解説総則編で、以下のように示している。

> 児童に第１章総則第２の２(1) に示す情報活用能力の育成を図るためには、各学校において、コンピュータや情報通信ネットワークなどの情報手段及びこれらを日常的・効果的に活用するために必要な環境を整えるとともに、各教科等においてこれらを適切に活用した学習活動の充実を図ることが重要である。また、教師がこれらの情報手段に加えて、各種の統計資料や新聞、視聴覚教材や教育機器などの教材・教具を適切に活用することが重要である。
>
> （中略）児童が情報を主体的に捉えながら、何が重要かを主体的に考え、見いだした情報を活用しながら他者と協働し、新たな価値の創造に挑んでいけるようにするため、情報活用能力の育成が極めて重要となっている。第１章総則第２の２(1) に示すとおり、情報活用能力は

「学習の基盤となる資質・能力」であり、確実に身に付けさせる必要があるとともに、身に付けた情報活用能力を発揮することにより、各教科等における主体的・対話的で深い学びへとつながっていくことが期待されるものである。今回の改訂においては、コンピュータや情報通信ネットワークなどの情報手段の活用について、こうした情報活用能力の育成もそのねらいとするとともに、人々のあらゆる活動に今後一層浸透していく情報技術を、児童が手段として学習や日常生活に活用できるようにするため、各教科等においてこれらを適切に活用した学習活動の充実を図ることとしている。

各教科等の指導に当たっては、教師がこれらの情報手段のほか、各種の統計資料や新聞、視聴覚教材や教育機器などの教材・教具の適切な活用を図ることも重要である。各教科等における指導が、児童の主体的・対話的で深い学びへとつながっていくようにするためには、必要な資料の選択が重要であり、とりわけ信頼性が高い情報や整理されている情報、正確な読み取りが必要な情報などを授業に活用していくことが必要であることから、今回の改訂において、各種の統計資料と新聞を特に例示している。これらの教材・教具を有効、適切に活用するためには、教師は機器の操作等に習熟するだけではなく、それぞれの教材・教具の特性を理解し、指導の効果を高める方法について絶えず研究することが求められる。

また、小学校においては特に、情報手段の基本的な操作の習得に関する学習活動及びプログラミングの体験を通して論理的思考力を身に付けるための学習活動を、カリキュラム・マネジメントにより各教科等の特質に応じて計画的に実施することとしている。

（第３章第３節１(3)）

これまで、コンピュータ等の情報機器や情報通信ネットワーク等の情報手段等（ICT）の利用は、教育実践では「特別な扱い」という教師の意識が、2020 年に発生したコロナ禍におけるオンライン授業等への対応が後手になった際に指摘された教育の情報化の遅れの遠因でもあった。

その意味で、学習指導要領では、コンピュータや情報通信ネットワーク等の情報手段や各種の統計資料や新聞等の日常的・恒常的な活用の必要性や、教師の指導力の向上について言及し、改善に向けて ICT 環境の整備と ICT を適切に活用した学習活動の充実を求めている。

２．教科の資質・能力の育成に向けた授業改善と ICT の活用

主体的・対話的で深い学びへとつながっていく学習活動の充実の立場から、学習指導要領の総則では、「児童が、基礎的・基本的な知識及び技能の習得も含め、学習内容を確実に身に付けることができるよう、児童や学校の実態に応じ、個別学習やグループ別学習、繰り返し学習、学習内容の習熟の程度に応じた学習、児童の興味・関心等に応じた課題学習、補充的な学習や発展的な学習などの学習活動を取り入れることや、教師間の協力による指導体制を確保することなど、指導方法や指導体制の工夫改善により、個に応じた指導の充実を図ること。その際、（略）情報手段や教材・教具の活用を図ること。」としており、教育活動の充実に向けての ICT の活用を求めている。

課題は、ICT を操作すること自体は、教師が教えなくても子供たちはできてしまうことも少なくなく、「ICT を活用する力」をどのように育成するかであり、同時に、教師が ICT の特性を理解して、日常的・恒常的な活用に取り組めるかである。

その意味で、「この学び」にとって適切なツールは何なのか、ICT と教科書やノートのような非 ICT それぞれのツールのメリット・デメリットは何なのかを教師自身が研究し、子供たちの思考を深める方策として、どのツールを選択し、どのような学びの過程を展開させることが、子供たちの学習意欲を引き出し、最大の学習効果を生み出すことが可能なのかを十分に吟味することが重要である。つまり、ICT を活用することで、何か特別なことができるようになるのかというと、効果的な学習が展開できたり、教材開発や学習の効率化が図れたりする程度のことでしかなく、図２で示すように、「共有」「協働」というキーワードで授業改善に大きく関与するのである。

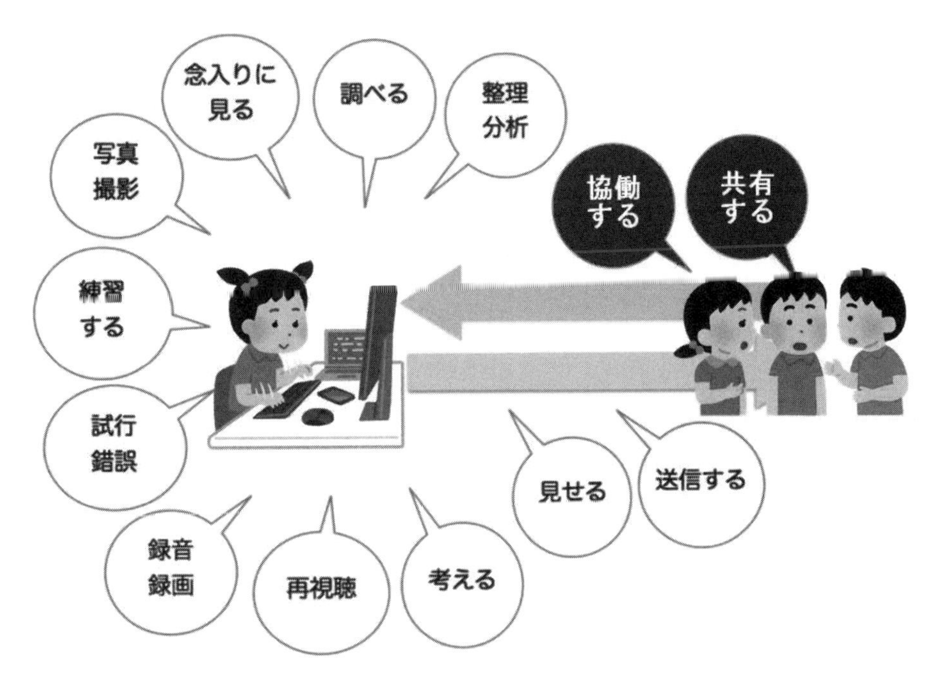

図２　教育用コンピュータが支える学習（文部科学省資料より作成）

そこで、ICT は授業のねらいを達成するための道具であるということを教師が理解した上で、日常学習の中で、ICT が得意とする以下の４つの機能

①大きくすること
②動くこと
③保存すること
④加工すること

を意識し、授業を設計し活用することで、高い学習効果が期待できるのである。

３．学習場面に応じた ICT 活用

学習指導要領の総則では、主体的・対話的で深い学びの実現に向けた授業改善として、「各教科等の特質に応じた見方・考え方を働かせながら、知識を相互に関連付けてより深く理解したり、情報を精査して考えを形成したり、問題を見いだして解決策を考えたり、思いや考えを基に創造したりすることに向かう過程を重視した学習の充実を図ること」としている。

つまり、思考・判断・表現の過程として、社会科で考えれば、子供たちが直面した社会事象の中から問題を見いだし、その問題を定義し、その問題の解決の方向性を子供たち自身で決定し、解決方法を探して学習の計画を立て、結果を予測しながら追究し、その成果を振り返ることで、次の新たな問題の発見とその解決につなげていく学習をめざそうというのである。カリキュラム・マネジメントとして、PDCA が強調されるが、子供たちの学びも、子供たち自身の PDCA サイクルによる学びの創造と考えることが妥当で、このような学習の過程では、ICT を活用することで学習の充実を図れる場面が少なくない。

また、「教育の情報化に関する手引 - 追補版 -（令和２年６月）」（文部科学省）では、「近年、知識・情報・技術をめぐる変化の速さが加速度的となり、情報化やグローバル化といった社会的変化が、人間の予測を超えて進展するようになってきている」ことから、「将来の予測が難しい社会においては、情報や情報技術を受け身で捉えるのではなく、主体的に選択し活用していく力が求められ」ており、「社会で生きていくために必要な資質・能力を育むためには、学校の生活や学習においても日常的に ICT を活用できる環境を整備し、活用していくことが不可欠で（中略）これからの学びにとっては、ICT はマストアイテムであり、ICT 環境は鉛筆やノート等の文房具と同様に教育現場において不可欠なもの」とされて、日常的・恒常的に教師が ICT を活用することで、授業をより効果的・効率的に展開できるように授業改善することが、また、児童が ICT を活用することで、児童の情報活用能力を育成することが求められている。

そこで、日常的な学習場面におけるICTの効果的な活用について、「学びのイノベーション事業実証研究報告書」では、一斉学習・個別学習・協働学習の３つ学習場面で、以下の10パターンを提案している。(図３)

図３「学びのイノベーション事業　実証研究報告書」文部科学省（2014）

①一斉学習・教員による教材の提示（A-1）

教師による大型提示装置等を活用した教材の効果的な提示（画像の拡大や書き込みなど）や、地図や写真などの画像や音声や動画等を提示する場面。

②個別学習・個に応じる学習（B-1）

一人一人の特性や習熟の程度等に応じて、各自のペースで理解しながら学習を進めて知識技能の習得する個に応じた学習の展開場面。

③個別学習・調査活動（B-2）

個人でインターネット等で問題解決のための情報の収集や、個人やグループで問題解決に向けての取材・調査における写真や動画等の記録といった学習課題に関する調査活動の場面。

④個別学習・思考を深める学習（B-3）

シミュレーション等のデジタル教材を用い、各自の考えを深める学習活動の場面。

⑤個別学習・表現・制作（B-4）

写真や音声・動画等の資料を用いて、多様な表現を取り入れた資料や作品などを制作する場面。

⑥個別学習・家庭学習（B-5）

デジタル教材等を用いて、家庭で授業の予習・復習等の学習を行う場面。

⑦協働学習・発表や話し合い（C-1）

学習課題に対する自分の考えを、書き込み機能を持つ大型提示装置を用いて、わかりやすく掲示して発表や話し合いを展開する場面。

⑧協働学習・協働での意見整理（C-2）
　グループ内で構成員のそれぞれの意見・考えを共有し、グループ等での話し合いを通しての意見整理を行う場面。

⑨協働学習・協働制作（C-3）
　各自のPCを活用し、写真や動画等を用いた資料や作品の制作をグループ内で分担したり、協働で制作したりする場面。

⑩協働学習・学校の壁を越えた学習（C-4）
　インターネットを活用し、遠隔地や海外の学校、学校外の専門家等との意見交換や情報発信等を行う場面。

　社会科の学習では、社会の変化に自ら対応する資質・能力の育成を図る観点から、前述の子供の立場でのPDCAサイクルのような学習活動を実現するために、この10の活用場面のそれぞれの特性を理解した上で、ICTを活用して学習問題について調べて考え、表現し発信できるように、いつどの場面で、どのようにICTを活用するのか、学習場面を想定して単元を通して授業を設計する必要がある。１時間の授業展開でも、授業の導入の場面での、「課題を明確につかませる」という目的のために、（A-1）の活用法で、教材を大型提示装置を使って提示し、何が課題なのかを強調して見せるといった使い方や、前時の学習の内容を確認するということで、（A-1）や（B-2）、（C-1）といった活用法も考えられる。授業の追究の場面では、思考や理解を深めさせるために動画を視聴させる際、内容や目的、子供たちの実態に応じて（A-1）か（B-1）もしくは（B-2）のどの方法を採るかは、教師の意思決定に依るところとなる。１時間の授業の終末においては、知識や技能の習熟の確認となれば、（B-1）のような活用法も考えられるし、学習内容の整理を行わせようというのならば（C-2）のような活用法も考えられる。

表１　１時間の授業展開の中でのICTの活用例

	はじめ	な　か	おわり
教師の視点	課題を 明確につかませる （A-1）（B-2）（C-1）	興味・関心を高めさせる 思考や理解を深めさせる （A-1）（B-1）（B-2）	知識の定着を図る （B-1）（C-2）
子供の視点	発表したり、 表現したりする。 （B-2）（C-1）	情報を収集する 文章や図表にまとめる （B-1）（B-2）（B-3）（B-4）	知識や技能の 習熟を図る （B-1）（B-5）

　例えば、第３学年「身近な地域や市の様子」でのICT活用を考えると、１時間の授業展開の中では、児童各自が土地利用・交通・公共施設など課題ごとに作った地図を学習者用コンピュータ上で一つずつ重ねて一枚にし（C-3）、出来上がった市の地図を基に市の様子についてグループや学級全体で話し合う（C-2）（B-3）といった内容が想定できる。
　また、単元展開で考えるならば、市内見学において、グループごとにタブレット型学習者用コンピュータ（以下タブレット端末）を持参し、それぞれの問いに合わせた調査内容について、写真機能や録画機能を使って記録する（B-2）、映像の中に自分たちの解説を入れ、レポート形式の動画を撮る（B-4）など様々な活用が考えられる。見学後は、教室でグループごとに集めた画像や映像などを基に話し合いを行う（C-2）、画像や映像を基に、自分たちが調べて分かったことを分かりやすく伝える方法を話し合ったり、画像や映像を基にお互いに発表をしたりする（C-1）といった内容が想定できる。
　以上のことから、ICTの特性である「早く効果的に情報収集できる」「見えにくい情報を見えるようにできる」「繰り返し再生できる」「映像や音声で分かりやすく伝えることができる」「情報交換がやりやすい」を組み合わせることで、主体的・対話的で深い学びの展開への学習活動の幅が広がることが考えられる。

4．ICT活用と学習効果

効果的・効率的なICT活用という観点に立つと、授業10場面を知識理解の補完、技能の習得、思考力・判断力・表現力の育成という視点と、ICTが得意とする「大きくする」「動く」「保存する」「加工する」の4つの機能を意識して、授業を設計し実践することが重要である。

(1) 知識理解の補完・技能習得について

理解が難しいとされる抽象的な概念やイメージの獲得、思考過程の共有などにおいて、ICTを活用して視覚的に示すことで学習内容の理解や考察を深めるのに効果的である。

たとえば、実物投影機やプロジェクターといった機器を活用することで、地図や教科書等の資料を読み取る場面で、言葉の説明だけではわかりにくい時、大きく映し出すことで、子供たちは手元の地図や教科書等の資料と比べながら確認することができると同時に、子供一人一人の発見や気づきを学級で共有化することができ、資料等に潜んでいた深い意味の発見等につながり、そこからもっと調べたいという関心・意欲を起こさせたり、新たな疑問や課題を発見させたりすることもできる。さらに、学習の中では、調べたことをまとめたノートやレポートなどを拡大して提示することで、発表を聞く側の子供たちが理解しやすくなり内容の共有化を図ることができると同時に、子供たちのノートやレポートを表示することで、ノートのまとめ方やレポートの作成の仕方を学ばせることができる。

また、動画などを提示することで、イメージしづらい内容を理解することに効果がある。

例えば、水産業の盛んな地域の単元で、教科書にあるカツオの一本釣りの写真だけでは、漁船も生きているカツオも見たこともなく釣りの経験もない子供に、興味関心を持たせることは難しいが、釣る人以外にもえさを実際にまく人がいたり、船からシャワーのように大量の水を噴射してえさに見せかけたり、釣ったカツオが手を使わずに自然に針から外れていく様子や、ピチピチと元気に跳ねるカツオやそのカツオが自然に冷凍室に運ばれる様子等の動画を見ると、カツオの一本釣りへの興味は一気に高まり、もっと知りたい・調べてみようという学習への意欲につなげることができる。

こうした動画はWEB上で検索すれば見つけることもできるので、教師からの提示という方法だけでなく、子供たちに調べさせる学習を仕組むことで、追究に必要な資料収集の技能の育成にもつながるといえる。

(2) 思考力・判断力・表現力の育成について

動かす・保存する・加工するというICTが持つ機能を活かし、子供たちが追究の過程で作成した資料やデータを共有し、その資料やデータに基づいた話し合い活動を展開することで、主体的・対話的な学びが導きだされ、プレゼンテーション用資料等の作成と話し合いによる内容の練り直しへと深い学びにつながるといえる。

例えば、自分やグループのテーマに応じて、図書資料だけではなく、インターネットを通じて図書資料にはないデータや写真・動画等を収集し、思考ツール等を活用して、どの情報をどのようにどの順番で伝えるかなどを検討させ、プレゼンテーションのスライドの作成をして、説明することをとおして、議論し追究の質を深めていくという学習活動が考えられる。

このような学習活動では、データが保存できることが重要なポイントで、例えば、町の移り変わりなどを学習するための定点撮影等の記録を、教師が行うことも重要であるが、子供たちの取材のデータを蓄積していくことで、データベースが構築され、今昔の比較という効果的な学びへとつなげることができる。さらに、子供たちの学びの成果をデータベース化することで、次年度以降の子供たちが参考資料として活用することができ、子供たちが学習の方向性を見いだすヒントになると同時に、関心意欲を持って学習に取り組む原動力ともなる。

さらに、それらデータは、教師にとって教科等の年間計画を立案する際の参考にもなり、カリキュラム・マネジメントの観点からの有効性は高いものとなる。

5．ICTを活用した授業例

(1) 第３学年「地域に見られる生産や販売の仕事」

農家の方への仕事の種類や産地の分布・仕事の工程等の仕事の様子の聞き取りや、商店の方へ消費者の願い・販売の仕方・他地域や外国との関わり等、販売に携わっている人々の仕事の様子の聞き取りに、タブレット型端末を持参し、動画機能を活用して聞き取り内容を撮影し、調査後撮影してきた映像をグループごとに見ながら、問いに対する答えや新たな発見をまとめることで、ノートへのメモに追われず聞き取り調査を行い、聞き取った情報を繰り返し映像で再生し確認することで、収集した情報を吟味し、調べたことを基に深く考えることができた。

(2) 第５学年「我が国の国土の様子と国民生活」

国土の特色を理解するために、「日本の位置について説明する」という課題を設定し、タブレット型端末を用いて、インターネット地図検索ソフトを使って、日本の東西南北の端について位置や様子や、日本の国土の構成、領土の範囲、地形等について、地図を拡大・縮小したり、航空写真にしたりして具体的に調べることで、日本の位置や空間的な広がりについて、大まかに理解することができた。また、調べて分かったことを基に日本の国土の様子を捉え、特色について考えたことを資料にまとめ、大型提示装置で提示しながら説明し合うことで、プレゼンテーション能力を高めることができた。

(3) 第５学年「災害に役立つメディアを考えよう」

放送・新聞などの情報産業（メディア）が、わたしたちの生活に大きな影響をおよぼしていることやメディアを通した情報の有効な活用が大切であることに関して考えることをねらいとして、グループごとに災害時に役立つメディアを一つ予想し、理由を付けて説明をするという課題を設定し、各メディアについて、グループを解体し、新聞、テレビ、ラジオ、インターネットの４つの専門グループでジグソー学習的に追究活動を行った。各専門グループで調べたことをデータベースに保存しそれぞれの調査内容を発表することで、元のグループで各メディアに関わる情報を共有し、各メディアの特徴を共通点や相違点を見出しながら整理し、災害時に役立つメディアについて話し合い、関連する内容をつなげ階層にしてまとめ、根拠をはっきりさせた結論を導くことができた。

(4) 第５学年「自動車をつくる工業」

環境にやさしい自動車づくりには、排出ガスをおさえる工夫やリサイクルできる部分を増やす工夫がされていることを説明できるようになるをねらいとし、導入段階で電子黒板に二酸化炭素排出量の変化のグラフを提示し、学級全体でグラフの変化を見て気づいたことを発表させ、各自のタブレット型端末に、二酸化炭素排出量が減少した理由を予想し書き込ませ、全員のデータを電子黒板上で確認し、それぞれの予想の共有化を行い、「環境にやさしい自動車づくりについて考えよう」という学習課題をつかませた。課題追究では、インターネットで必要な資料を収集させ、収集した資料から分かったことをグループごとで発表し合い、調べた結果をキーワードを使いまとめ、その後学級全体で情報の共有を行いまとめた。

(5) 第６学年「町人の文化と新しい学問」

歌舞伎や浮世絵、国学や蘭学を手掛かりに、町人の文化が栄え新しい学問がおこったことを、様々な知識や技能を活用し導き出した考察を他者に理解してもらえるよう表現させることをねらいに、「あなたは江戸時代の瓦版屋です。江戸時代の文化・芸能・学問などから、ニュースになるみんなが驚くようなことを記事に書き、一枚の号外新聞として、他の瓦版屋よりも多くの町人に読んでもらえるような新聞を作成してください。」というパフォーマンス課題を設定した。

この後、児童は１人１台のタブレット型端末を活用しながら課題解決に向け、インターネットで資料を収集したり、NHK for schoolの歴史番組を活用したり、収集した資料を思考ツール等を活用して整理・分析した。具体的には文化・芸能・学問で活躍した歴史上の人物を分担して調べ、苦労した話・偉大な功績・面白エピソード・その他に気になった点の４観点で収集した情報を整理し、人物像を明らかにし、調べた情報はデータベースで共有機能を使って、グループ内で持ち寄った情報を一つのタブレット端末に集約し議論することで、最も号外新聞に取り上げるのにふさわしい人物をグループ内で検討し新聞を制作した。新聞の評価については、ルーブリックをあらかじめ公開することで、評価のポイントを確認した上で制作に取り組むことから、言葉や写真の表現を何度も確認修正する姿が見られ、意欲的な学びになった。

6．新聞を活用した学び

学習指導要領では、情報活用能力の育成に関わって、正確な情報の読み取りの観点から、新聞の活用も求められている。日本新聞協会の調査（2019年新聞オーディエンス調査）によると、毎日の各メディアへの接触状況は、新聞が51.0%、テレビが81.2%、インターネットが68.7%で、インターネットの普及によって、誰もが簡単に大量の情報を簡単に入手できる状況が反映しているといえる。しかし、簡単に短時間で必要な情報を得ることのできる現代のネット社会の便利さは、私たちにとっては、「両刃の剣」といってもよい状況を生み出している。それは、ネットから得る情報は、「自分が気になること」、「自分が好きなこと」に関する内容のものにだけアクセスして得たものになる傾向にあり、多面的・多角的に物事を見る力を育成するという観点からすると、ネットに頼った情報収集は、場合によっては極めて偏った判断になる危険性をはらんでいるといえる。

それに反して、新聞は、「総合面」「経済面」「国際面」「スポーツ面」「生活面」「教育面」「科学面」「地域面」「読書面」「コラム」「社説」読者の「声」と、多様な内容について「見出し→リード文→本文・資料」の「逆三角形」構造で構成されていることで、読み手がその情報の価値の軽重を判断せざるを得ない状況を作り出すメディアである。つまり、新聞は「一覧性・俯瞰性・網羅性」という特性を持っていることから、新聞を活用することで、多様性という視点が養われるのである。

しかし、新聞を読むことで、興味・関心のあることに出会う機会が得られる反面、一紙だけを読んでいるだけでは、新聞記事も新聞社のどのように伝えたいのかの意思が反映されているので、偏った見方に陥りやすい。そこで、新聞記事を読む際の留意点として、「事実と解釈の区別」「複数の立場に触れる」「一般論に気をつける（状況・環境の確認）」「データの加工・編集の効果を確認する」といった視点を確認することが大切である。そのために、数字や図表・写真・見出し・特集記事・社説の読み比べなどを、学習活動に組み込むことは有効な手立てといえる。その意味で、学習活動に新聞記事を活かす際には、複数の新聞記事を読み比べるという作業も、当然必要となってくる。

また、テーマを決めてスクラップすることは、自ら課題を見つけ出すことの訓練の場でもあり、主体的・対話的で深い学びにつながる学習の基盤となる資質・能力の育成の場にもなる。なお、テーマ設定に当たっては、SDGsの視点で読み込ませることも効果的な手法といえる。

◆参考図書◆

文部科学省（2017）：『21世紀を生き抜く児童生徒の情報活用能力育成のために』
豊福晋平（2015）：『日本の学校教育情報化はなぜ停滞するのか』（「情報処理 Vol.56 No.4 Apr」情報処理学会）
文部科学省（2017）：『次期学習指導要領で求められる資質・能力等とＩＣＴの活用について』
文部科学省（2020）：『教育の情報化に関する手引―追補版―（令和２年６月）』
文部科学省（2014）：『学びのイノベーション事業　実証研究報告書』
ICTの活用が最適な指導方法の開発ワーキンググループ（2015）：『ICT活用ステップアップ映像集利用ガイド』（NTTラーニングシステムズ）

（小山　茂喜）

第３節　小学校社会科と子どもの地図の発達

1. はじめに

地図は、地表面の表象だと言われる。世界地図は地球の表象と考えられ、言わば地図の作り手が思い描いた世界の様子を表現したものと言える。例えば、大航海時代以前にヨーロッパで描かれた世界地図は、世界のある一部しか描かれていない。それらは現代の人々から見れば、正確ではない世界地図に見える。しかし、情報が限られた当時の人々の世界像を忠実に表現した地図と考えることができる。表象としての地図は、地図の作り手の世界像を表現したものである。

ここでは、子どもが身近な地域について描いた地図を分析することによって、子どもの地図とその発達について明らかにする。子どもの地図の実態を捉えることは、小学校の生活科や社会科において地図の活用を進める基礎となると考えられる。

2. 子どもの手描き地図とその分類

知覚環境は、子どもの頭の中にあるもう一つの環境と考えられる。子どもは、その子どもなりの方法で環境を読み取り意味づけをして、独自の知覚環境を形成する。それは、大人と異なることが指摘され、子どもの心身の発達に伴って大きく変化する。子どもが自由に描く手描き地図は、子どもの知覚環境を表象すると考えられる。手描き地図を丁寧に読み解くことにより、子どもの知覚環境を明らかにすることができる。子どもが周囲の環境を捉えた知覚環境は、子どもが世界像を形成する拠り所となる（吉田 2018）。

知覚環境を明らかにするための方法として、手描き地図調査を実施した。子どもに B4 判の白紙を配り、「あなたの住んでいるまわりの様子について地図に描いてください。」と指示し、地図を描いてもらった。２枚以上の用紙を必要とする子どもには随時渡した。

子どもの手描き地図の分類は、大きく分けてルートマップとサーベイマップに区分できる。ルートマップは道路を中心に線的に描く地図で、サーベイマップは広範囲を面的に描く地図である。はじめに子どもの手描き地図をルートマップが成立しているかどうかに注目して分類した。ルートマップが形成されていない地図を「非ルート」として区分し、さらに、ルートマップとサーベイマップに分類し、それぞれ発達の視点から２種類の下位分類を設けた。

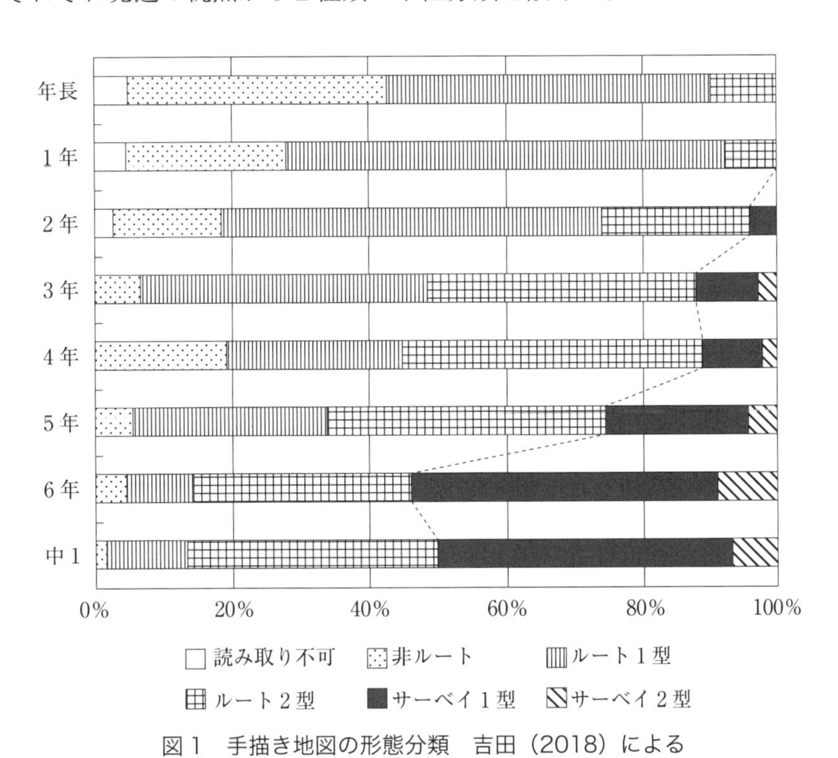

図１　手描き地図の形態分類　吉田（2018）による

非ルートは、建物や地物が単独で描かれ、道路で結ばれていない地図である。ルート1型は、主として自宅と学校を結ぶ最も単純な地図である。ルート2型は、学校と自分の家を結ぶルートを含め、複数のルートが見られ、ルートが発達した形態である。サーベイ1型は、道路で囲まれた複数の地区や街区が描かれ、空間的な広がりがみられる地図である。サーベイ2型は、多数の地区や街区が描かれ、より広い空間が描かれる地図である。このように分類すれば、ルートマップとサーベイマップの出現頻度が分かり、またそれぞれの分類ごとの発達の傾向を捉えることができると考えられる。

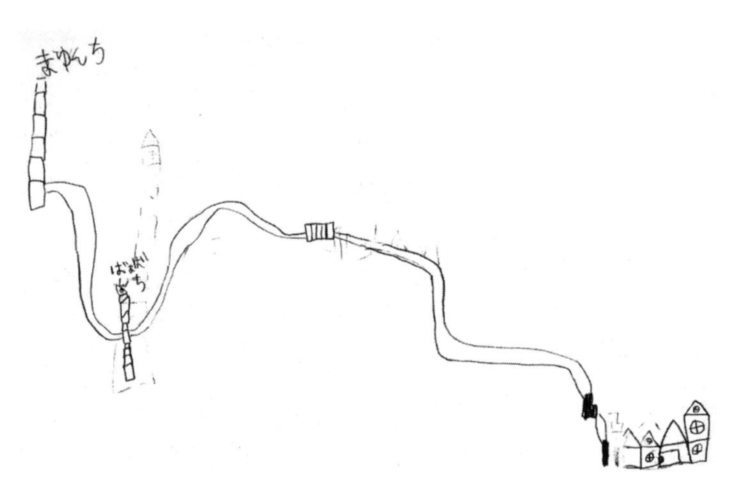

図2　子どもの手描き地図　小学校第1学年ルート1型

図3　子どもの手描き地図　小学校第3学年ルート2型

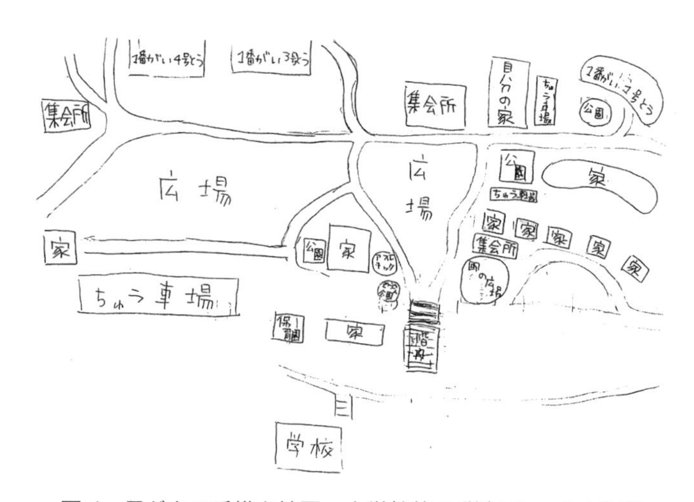

図4　子どもの手描き地図　小学校第6学年サーベイ2型

3. 子どもの地図の発達

(1) 手描き地図の形態分類

保育園の年長から小学校の第１から６学年を経て中学校第１学年までの手描き地図の発達に関して、次のような傾向が明らかになる（図1)。年長児ですでに自分の家と保育園を道路で結んだ地図が見られ、ルートマップが成立していることが分かる。年長児と第１学年では、ルート１型の割合が高く、道路をたどるように地図を描く。第２学年でもルート１型の地図の割合が高く，加えてルート２型の地図の割合が増加し、わずかにサーベイマップが見られるようになる。第３学年になるとルート２型の割合がさらに増加し、ルート１型とルート２型を合わせた割合は、約 80％に達する。第４学年においても約 70％がルートマップを描く。一方第３・４学年の段階ではサーベイマップの割合は 10％程度にすぎない。第５学年では、最も割合が高い分類はルート２型であり、まだルートマップの段階にとどまる子どもが多いことが分かる。しかし、１型と２型を含めたサーベイマップの割合が増加し、約 30％になる。第６学年では、さらにサーベイマップの割合が増加する。しかし、第６学年、中学校第１学年においてもサーベイマップの割合は、約５０％であり、さほど割合が高いとはいえない。

このように、ルートマップは小学校就学前の幼児期から成立し、その後ルートマップの割合が徐々に増加する。小学校第５学年までは過半数がルートマップであり、中学校第１学年でもサーベイマップの割合は限られる。

(2) 建物表現

子どもが描いた建物や地物の表現形式を分類すると、水平方向から見た通りに絵のように描く「立面的」な表現と、上空から垂直に見たように描く「位置的」な表現の２種類に分けることができる。

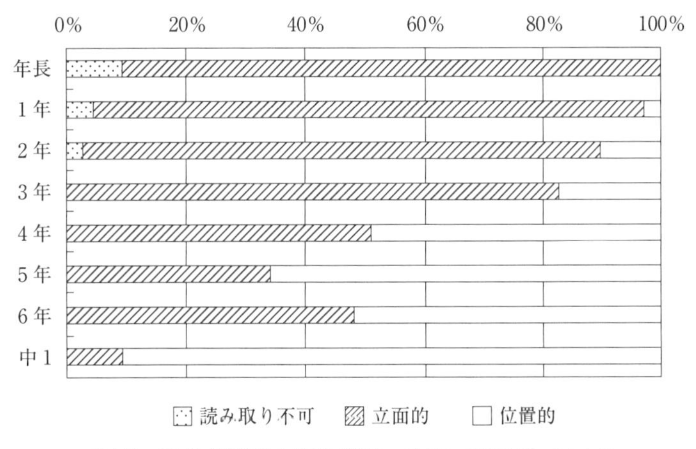

図５　手描き地図の建物表現　吉田（2018）による

表現形式の学年ごとの発達を見ると、年長児はすべて立面的な表現である（図5)。小学校第１学年でわずかに位置的な表現が見られる。その後、学年が上がるにつれ、位置的な表現が増える。しかし、第３学年では、位置的な表現は 20％に満たない。ようやく第４学年で約半数が位置的な表現になり、中学校第１学年では、約 90％が位置的な表現ができるようになる。

このように、建物表現の変化から、小学校第３学年までとそれ以降では知覚の方法が異なると考えられる。第３学年までは、水平方向の視点から環境を捉える方法が支配的である。その後第４学年以降では、徐々に視点の転換がなされ、垂直方向から環境を捉える視点に変わり、中学校第１学年で、視点の転換はほぼ達成される。すなわち、知覚の方法が発達することが、地図の表現に変化をもたらすと考えられる。

子どもが描いた地図の事例を参照すると、第１学年の地図はルート１型の地図である（図２)。地図の左に描かれる自分の家から右端の学校まで、１本の道路で結ばれている。自分の家は、小さな四角形が縦に積み重なっている。これは、自分が住むマンションの高層住宅を意味しており、描き方は立面的な表現である。

第３学年の地図では、自分の家から学校へ向けて道路が延びている（図３)。家から学校に向かうルートがいくつかに枝分かれし、ルート２型の地図に分類される。建物や木の描き方に注目すれば、道路の両側に向かい合うように建物や木が描かれ、建物表現は立面的な表現である。水平からの視点で道路を歩くときに見える建物を描き、学校に通う道路で普段見ている景色をそのまま地図に描こうとしている。本来地図は上空からの視点で描かれるはずだが、この地図は視点の転換がまだなされていない。

第６学年の地図は、多数の街区が描かれ、広がりのある空間の中で学校の位置が示されるサーベイ２型となっている（図４)。建物表現は上空から垂直に見たように描く位置的な表現であり、学校の描き方も位置を示す位置的な表現となっている。

4. 子どもの知覚環境の発達プロセス

手描き地図の変化から明らかなように、幼稚園の年長児から小学校第３学年までが、「ルートマップの形成期」に当たる（図６)。子どもの知覚環境の発達は、手描き地図の変化から見ると、保育園の年長児ですでにルートマップを描き始める。その後、学年が上がるにつれて、自分の家と学校を道路で結ぶ単純なルート１型の地図から複数のルートを描くより複雑なルート２型の地図に発達する。小学校第４学年から中学校にかけては、「ルートマップからサーベイマップへの移行期」である。この時期はサーベイマップを描く割合が徐々に増加する。

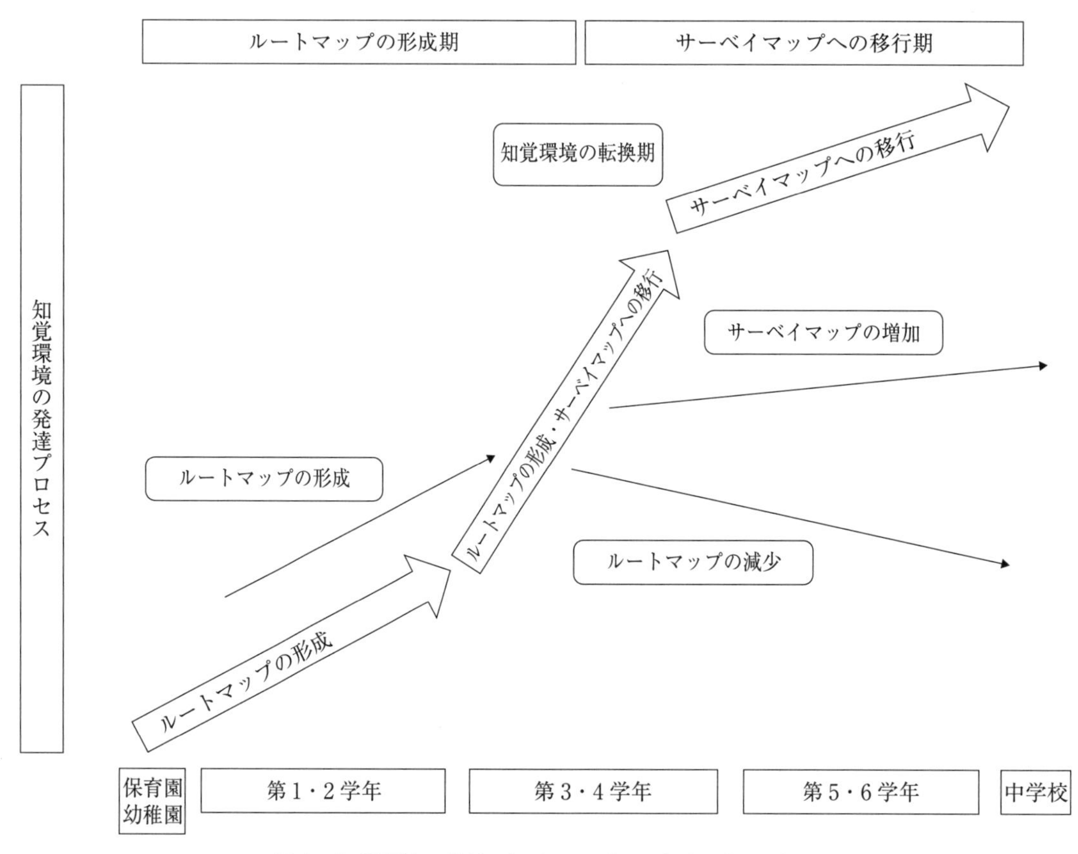

図６　知覚環境の発達プロセス　吉田（2018）による

(1) ルートマップの形成期　第３学年以前

この時期は、建物表現は、立面的な表現が支配的で、地図は水平からの視点で描かれる。また知覚の方法は、個別の事象を感情を込めて捉える相貌的な知覚の傾向が強い。また、地図に描かれた要素の個数は、第３学年まで増加する。学校の描き方は、小学校第３学年に特徴があり、多数の個別の要素を描く傾向が強い。これは、第３学年までは、相貌的な知覚が残存しているためと考えられる。立面的な表現から位置的な表現への視点の転換は、まだなされていない。

(2)「転換期」としての第３・４学年

第３学年から第４学年にかけての時期は、知覚環境の発達の「転換期」と位置づけられる。これ以前の段階では、ルートを延長することによって知覚環境を拡大する。従って、地図に描き入れられる要素は増加し、地図に量的な変化が見られる。第３・４学年の段階になると、ルートマップからサーベイマップへの変化が起こり始め、この時期は最も変化が顕著である。基準となる幹線道路や鉄道によって、位置を確かめ地図を描くことができるようになる。これによって、次第に広い環境の中で座標軸となる道路や鉄道などの参照系を活用して位置を確かめることが可能となり、サーベイマップが増加する。すなわち、地図の描き方に質的な変化が訪れる。

(3) ルートマップからサーベイマップへの移行期　第４学年以降

第４学年以降は、建物表現では、立面的な表現より位置的な表現が増加する。また、それと平行して相貌的な知覚が急速に消失する。すなわち、水平から垂直への視点の転換が行われ、個別的・具体的な知覚の方法から一般的・抽象的な知覚の方法への変化が始まる。地図に描かれる要素に関しては、それ以降著しい増加は見られず、その後大きくは変化しない。これは、学年が上がるに連れて、地図の描き方が簡略化するとともに、個別の事象との係わりが希薄になっているためと考えられる。

一方で、手描き地図の建物表現を見ると、第４学年で半数が、立面的な描き方から位置的な描き方に移行し、中学校第１学年では、90%が位置的な描き方となる。このことから、サーベイマップを描くために必要な視点の転換は、第４学年から開始され、中学校でほぼ達成されていると考えられる。

学校の描き方は、小学校第３学年に特徴があり、多数の個別の要素を描く傾向が強い。第４学年以降は、要素の数が減少し、言語による記号化の度合いが高まる。サーベイマップの割合は、小学校第４学年以降徐々に増加する。

5. 生活科における地図の活用

子どもの知覚環境の発達のプロセスを踏まえ、学校教育において子どもの地図の発達を支援することが重要である。ルートマップの形成期では、道路を拠り所にルートマップを描く体験的な学習を取り入れることにより、子どもの知覚環境の発達を促すことができる。生活科の授業で自分の家から学校までの地図を描く学習活動を位置づければ、地図を描く活動を通して、子どもは知覚環境を道路に沿って広げることができる。

例えば、次の授業実践が参考となる（寺本 2012)。細長い短冊形の画用紙に、子どもが自分の家から小学校までの地図を描く。つまり子どもはルートマップを描くことになる。そして、小学校を中心とした大判の学区域の地図に、その短冊地図を貼り付け、学区域全体の中における自分の家と小学校の位置を確かめる。この活動を通して、自分の家から小学校までのルートが学区域全体の中でどこに位置付くか分かるようになる。

生活科の町たんけんの学習は、知覚環境を発達させるために重要な学習活動である。子どもは、空間行動や場所体験を通して地域に関する知識を獲得する。これらは、地図を描くときの素材となる。授業の中で子どもが野外に出かける活動が、貴重な空間行動と場所体験の機会となる。

6. 社会科における地図の活用

(1) 学区探検の意義

子どもの知覚環境は、成長に伴ってルートマップの段階から、サーベイマップの段階へ発達する。社会科が開始される第３学年は、ほとんどの子どもがルートマップの段階にあるという実態を踏まえた上で、サーベイマップへの発達を支援する授業を展開することが大切である。第３学年社会科の第１単元に位置づけられる身近な地域の学習では、学区探検というフィールドワークを行い、そこで得られた知識を基に地域の特色を地図に表現する学習活動が展開される。この野外での探検活動が知覚環境の発達にとって非常に重要である。

サーベイマップを描くことができるようになるためには、自分の家と学校の位置関係、児童館や公園など様々な地物の配置に関する知識を体験を通して獲得することが前提となる。本来子どもは、遊びを中心とした自由な空間行動と場所体験によって身近な地域に関する様々な知識を獲得してきた。しかし、空間的及び時間的制約が多い現代においては、授業における学区探検が、身近な地域に関する知識を得るために重要な機会となる。学区探検で得た知識を地図を活用して表現することを通して、子どもは地物相互の位置関係を把握し、より広い環境を表現するサーベイマップを描くことができるようになる。

(2) 視点の転換を促す地図学習

サーベイマップを獲得するためには、地図を描く視点を転換する必要がある。子どもの建物表現の分析から明らかなように、年少の子どもは水平からの視点で立面的な表現をする。垂直からの視点で描く位置的な表現へと発達するためには、視点の転換が欠かせない。水平から見たときと垂直から見たときの違いを、捉える学習が求められる。小学校地図帳では、「真横から見た学校」と「真上から見た学校」のイラストや写真を示し、違いを説明する。イギリスで開発された地図教材〈Map start 1〉では、家の中にある部屋が、横から見るときと上から見るとき、それぞれどのように見えるかミニチュアの家を撮影した写真で解説する（Catling, 2010）。

学校の校舎は、水平にみると窓や昇降口が見える。上空から見ると屋上が見え、視点を変えることによって見え方が異なる（図7・8）。この違いを具体的な事実に基づいて理解することを通して、地図は本来、上空からの視点で描くことが分かるようになる。

図7　横から水平の視点で見た学校（筆者撮影）

図8　上から垂直の視点で見た学校（地理院地図による）

(3) ルートをたどる指旅行の活動

指旅行とは、地図を人差し指でたどる学習活動を意味する。鉄道や道路などのルートをたどることによって、分かり易く楽しく地図を読むことができる。サーベイマップである平面地図を読むさいに、ルートマップに立ち返って、読図を進める活動である。特に小学校低学年・中学年ではルートマップの段階にある子どもが多いことから、子どもの実態に即した地図の活用方法だと考えられる。

例えば、北海道の位置を地図で確かめるときに、現在いる場所から北海道まで指旅行でたどるようにする。小学校が東京にあるとすれば、東京駅から北海道の新函館北斗駅まで新幹線のルートをたどる。このような指旅行の活動によって、子どもは東京都と北海道の位置関係、遠近感を捉えることができる（資料1）。

子どもは、本来地図が好きで自分なりの方法で地図を描くことができる。地理教育を通してそれらをより客観的で科学的な地図へと導くことが求められる。子どもの地図の実態を捉え、それを踏まえて子どもの地図の発達を促す生活科、社会科の授業を計画することが望まれる。

資料１　地図帳を活用した指旅行の事例

T　地図帳で東京駅を探しましょう。東京駅に人差し指を置きます。
みなさん東京駅に行ったつもりになります。先生が新幹線ホームの駅員さんになってアナウンスをします。
「間もなく21番線からはやぶさ５号新函館北斗行きが出発します。ご乗車の方はお急ぎください。」「トゥルルルー。（発車ベルの音）」
T　東京駅を出発して北へ向かいます。指を北へゆっくり動かしましょう。
T　東京の北は何県ですか。
C　埼玉県です。
T　埼玉県の県庁所在地はどこですか。
C　さいたま市です。
T　さいたま市を通りすぎて北へ行きます。
T　埼玉県の次は何県を通りますか。
C　茨城県を通ります。
T　県庁所在地はどこですか。
C　水戸市です。
T　そうですね。でも新幹線から水戸市は遠いので見えません。
T　さらに北へ行くと何県を通りますか。
C　栃木県です。
T　そうですね。それでは窓から外を見ると何か見えますか。
C　いちごが見えます。いちごの絵があるから。
T　いちごの絵記号がありますね。いちごのビニールハウスが見えるかもしれません。
（後略　北海道新幹線のルートを新函館北斗駅まで地図で旅行する）T教師、C児童

◆文献◆

田村英子・田部俊充（2017）：東京都臨海部（中央区勝どき地区）における小学校中学年の子どもの知覚環境についての一考察．新地理 65（1）　pp.24-33.
寺本　潔（2012）：小学校低学年生活科における子どもの空間認知の形成―指導の課題と改善の方策―．玉川大学教師教育リサーチセンター年報３　pp.15-23.
吉田和義（2008）：子どもの遊び行動と知覚環境の発達プロセス．地理学評論 81　pp.671-688.
吉田和義（2018）『手描き地図分析から見た知覚環境の発達プロセス』風間書房 202p.
Catling,S. (2010) “*Mapstart 1* ” Second edition HarperCollins Publishers 33p.

（吉田　和義）

第４節　小学校第５学年社会科における「世界」のESD授業づくり
―ESD・SDGsの視点に立った地球環境学習―

1．日本女子大学附属豊明小学校第５学年における出前授業の実践

ここでは学生とともに日本女子大学附属豊明小学校（以下豊明小）で2019（令和元）年11月11日に行った「北極海の氷から地球温暖化とESDについて考える」の授業実践について報告する。豊明小の創設者である成瀬仁蔵は、女子の生涯にわたる教育の意義と重要性を指摘し、1901（明治34）年に日本女子大学校を開設する。創設時より一貫教育を重視して５年制の附属高等女学校を設置し、1906（明治39）年には豊明幼稚園と豊明小を開設する。その先見性には感銘を受ける。

豊明小との連携事業は2013年度に当時の篠原真澄校長、桑原正孝教諭をはじめとする先生方と相談し、2014年２月10日（月）第１校時～第６校時に５年生各クラスの出前授業でスタートした。雪の降る寒い日だったことを思い出す。その後毎年１回、７年連続で実施してきた。

2015年６月５日（金）には豊明小で日本私立小学校連合会東京地区教育研修会教科別研究会が開催され、社会科部会（会場：新泉山館１階大会議室）で「小大連携によるESD実践授業の試行とその方向性－日本女子大学附属豊明小の実践から」という題目で講演をさせていただいた。都内の116名の私立小学校の先生方が集まり「私学ならではの社会科教育の独自性の追究」を目指した。先生方の意識は非常に高かった。

ここまで、地球温暖化を中心とする地球環境学習に焦点をあてつつ、少しずつ変化を加えながら継続してきた。特色の１点目は、今回の授業化にあたって、中国のシリコンバレーと呼ばれる深圳とスウェーデンの現地調査を踏まえたことである。深圳に関しては熱心な学生も現地調査を行った。その結果、説得力のある教材開発につながった。２点目は2019年度より出前授業に向けての準備を「教育フィールド実践演習Ⅰ」という教育学科のアクティブラーニング科目で行ったため、時間をかけて準備が出来た点である。３点目は教材開発から効果的なパワーポイント教材につなげた、という点である。学生たちの教材開発能力の高さには脱帽した。授業当日も効果的なプレゼンテーションを行ってくれた。４点目はESDに加えて、SDGsの視点に立った自動車産業学習に焦点化した点である。

第５学年社会科内容（１）「我が国の国土の様子と国民生活」では「世界における我が国の国土の位置、国土の構成、領土の範囲などを大まかに理解する」、「地図帳や地球儀、各種の資料で調べ、まとめる」とする「知識・技能」、「世界の大陸と主な海洋、主な国の位置、海洋に囲まれ多数の島からなる国土の構成などに着目して、我が国の国土の様子を捉え、その特色を考え、表現する」とする「思考力、判断力、表現力等」の育成が求められている。

また内容（３）「我が国の工業生産」では「我が国では様々な工業生産が行われていることや、国土には工業の盛んな地域が広がっていること及び工業製品は国民生活の向上に重要な役割を果たしていることを理解する」とする「知識・技能」、「製造の工程、工場相互の協力関係、優れた技術などに着目して、工業生産に関わる人々の工夫や努力を捉え、その働きを考え、表現する」とする「思考力、判断力、表現力等」の育成が求められている。

内容（４）「我が国の産業と情報の関り」では「大量の情報や情報通信技術の活用は、様々な産業を発展させ、国民生活を向上させていることを理解する」とする「知識・技能」、「情報の種類、情報の活用の仕方などに着目して、産業における情報活用の現状を捉え、情報を生かして発展する産業が国民生活に果たす役割を考え、表現する」とする「思考力、判断力、表現力等」の育成が求められている。

日本の未来像を描くためには、日本のみならず世界の成長につながる能力の育成が必要であり、そのためにはこれら内容（１）の世界、内容（３）の自動車産業、内容（４）の情報産業の関連付けが重要であると考える。

以下、本授業のポイントは、世界に関連して児童が持っていた今までの考え方の偏りに気が付くことである。とりわけ、中国観の転換にあった。学習前の児童の中国のイメージは近代化が遅れている、汚染が進んでいる、というものであったが、高層ビルが立ち並ぶ近代的な深圳市では電気自

動車が想像以上に普及しており、日本では全く普及していない。その落差により、中国に対する誤解に気が付くことになる。また高校生であるスウェーデンのグレタさんのメッセージもインパクトがあった。グレタさんの気持ちは小学生の心に届いていた。

２．中国・深圳の現地調査と地誌教材開発

自動車産業は先進国の経済を支える基幹産業で、先進国の輸出品目をみるとほとんどの国で自動車関連の企業が上位を占めている。自動車産業は部品企業や販売企業を傘下に抱えているため雇用にも多大な影響を及ぼす。30 年前の 1989 年の世界の企業ランキングで業種が自動車・自動車部品となっている企業はトップ 15 内に５社（日本の企業はトヨタ自動車のみで６位）あったが、最新の 2018 年のデータでは２社のみ（日本の企業はトヨタ自動車のみで 10 位）で、30 年間に約７割の企業が入れ替わっている（データブック入門編集委員会 2019）。

現在、世界最大の自動車生産台数なのは中国で、1990 年には 47 万台だったのが、2017 年には 2900 万台を超えている。その自動車産業の拠点の一つが、IT 企業が集積している深圳である。

筆者は、世界地誌教材開発のため、「世界地図紀行８「世界の金融センター」香港と「紅いシリコンバレー」深圳」として、世界の製造業を牽引する深圳の南山区・ソフトウェア産業基地のネット企業テンセント（騰訊）, ファーウェイ（華為）、電子商取引アリババが運営するヘマスーパー（盒馬鮮生）、世界最大の電脳街ファーチャンペイ（華強北）、広深港高速鉄道の開通と世界一のベイエリア構想について、現地調査を踏まえて論じた（田部 2019）。

注目したのは先進都市である深圳のビル群とネット企業群である。都市化の様子はアメリカ・ニューヨークのマンハッタンに近づいている。世界最大の自動車生産の背景に深圳のネット企業があり、電気自動車が急速に普及していることを現地で取材し、教材化を行った。

３．第５学年社会科「北極海の氷から地球温暖化と ESD について考える」

ここでは授業の概要として学習指導案（略案）とポイントとなる取組を示す。

(1) 小学校社会科第５学年社会科学習指導案（略案）

日時：2019 年 11 月 11 日（月）　場所：日本女子大学附属豊明小学校
学年：第５学年（110 回生）○組 8:40-9:20、□組 10:40-11:20、△組 13:10-13:50
授業名：北極海の氷から地球温暖化と ESD について考える
授業者：田部俊充（日本女子大学人間社会学部教育学科教授）
ねらい：地図・写真集（『北極ライフ』）から、地球温暖化問題について考えることができる。
準備：世界地図の掛図（黒板に１枚）、パワーポイントによるプレゼン、地球儀（大）
配布・回収：ワークシート・地図帳・新聞記事
< 中略 >
５．本時の展開（5/5）
（１）目標　北極海の氷から地球温暖化について考える。本時では発展的な学習として現代の諸課題の一つである地球環境問題について、絵本、スウェーデンの高校生グレタさんの活動を紹介しながら考えさせたい。また「環境保全への取組などに見られる工夫や努力」として中国・深圳の自動車産業、情報産業の様子を紹介して、これからの日本の自動車産業と環境対策について考えさせたい。
（２）ねらい　地球温暖化問題について考えることができる。
（３）準備　地球儀、世界地図の掛図、パワーポイント、地図帳
（４）展開

学習活動	指導上の留意点・予想される反応	準備○ ICT の活用
１．自己紹介 ２．世界地図ゲーム　５分	○世界地図ゲーム（国探し）を行う。 ・地図帳・地球儀で探す。	地図帳・地球儀 世界地図の掛図
３．『北極ライフ』の読み聞かせを行う。５分	○読み聞かせ（パワーポイント） ○感想を書き、発表する。	ワークシート１ 『北極ライフ』の感想を聞く。

４．地球で起きている環境問題をあげる。５分	○北極海の氷に変化が起きたのはなぜか ・氷の面積が減少。氷の厚さがうすく。 ○地球上のさまざまな環境問題を知る。	配布：旧版地図帳コピー
５．地球温暖化防止について知る。５分	○地球温暖化とは　人間のさまざまな活動によって生じた二酸化炭素などの増加によって、地球にとどまる熱と宇宙に出る熱のバランスがくずれ、気温が少しずつ高くなること。 ・温暖化防止への取り組み・自動車の使い方 ○意見を発表する	・世界地図 北極海の氷の変化 ワークシート２「地球温暖化防止への取り組み」
６．最新の地球環境問題に関する資料（ニュース①）から考え、発表する。８分	○ニュース①学生・パワーポイント 世界に影響を与えたグレタさんの取り組み	ワークシート３ ニュース①（動画）から考える
7．最新の地球環境問題に関する資料（ニュース②）から考え、発表する。８分	○ニュース②学生・パワーポイント 中国の地球温暖化に配慮した自動車生産の取り組み	ワークシート４ ニュース②（動画）から考える
8．感想を持つ。４分	○今日の授業の感想（授業から学んだ点）を持ち、ワークシートに記入する。	ワークシート５　授業の感想

４．授業展開

(1) 世界地図ゲーム・地球儀学習の取り組み―地理教育国際憲章「位置や分布」概念に注目する―

社会科の授業では「社会的事象の地理的な見方・考え方」として、位置や分布の概念の視点が大切である。これは世界的な学術団体で筆者も発表したことのある国際地理学連合地理教育委員会により制定された地理教育国際憲章において明示されている「地理学研究の中心的概念」に即している。

地理教育国際憲章では地理学者は「それは、どこにあるのか」「それは、どのような状態にあるのか」「それは、なぜそこにあるのか」「それは、どのように起こったのか」「それは、どのような影響をもっているのか」「それは、人間と自然環境の相互便益のために、どのように対処されるべきか」という問いかけを行っていく。「位置や分布」概念の追究である「それは、どこにあるのか」という中学校社会科、高等学校地理歴史科につながっていく「社会的事象の地理的な見方・考え方」のスタートにあたる問いかけで、大切にしたい。

毎回まず地図帳を使った世界地図ゲームを行って、授業の舞台の位置がどこなのかを楽しく学習することからスタートしている（写真１）。「今日扱う国についてどこにそれがあるのかを探すゲー

写真１　日本女子大学附属豊明小学校第５学年社会科授業

写真２　世界地図ゲーム　スウェーデンを指で指しています。

ムをします」という「ゲーム」に児童は反応し、下を向いていた児童も数人教師の顔をみるようになった。その後、その国が聞いたことがあるかどうか挙手させたところ、動作をすることで緊張が少しほぐれた。

写真２は黒板に掲示した掛地図でスウェーデンを指さしてもらっているが、こうすると位置についての正確な場所の情報が共有できる。

授業動画を分析してみると、児童の緊張が１番ほぐれていたのはルール説明において「２人一組で活動する」という教師の言葉であった。最初授業が始まった際は固い表情であったが、２人一組となることで「どこだろう」と会話したり笑みが生まれたりと楽しく授業を受ける児童が増えた。また、国の位置を見つけることができない児童もいた。

ここで活躍したのが大学生・大学院生である。見つけることができず悩んでいる児童に対して大学生・大学院生がサポートすることで、見つけることができて笑顔になっていた。

挙手をさせる際には「指がピンと伸びているね」といった肯定的な声かけをすることで、次の問いかけの時には挙手をしている児童が増加した。声かけをした直後に手をピンとまっすぐ挙げて指名してもらえるように教師の顔を見ている児童もいた。教師の肯定的な声かけが児童の発言意欲を引き出す。

そして地球儀学習である。「北極海の地球温暖化」の学習では地球儀が欠かせないが、世界地図では極地方は歪んでしまい、地球儀でないと探せないことから地球儀の学習につなげた。

(2) 絵本教材『北極ライフ』（ナショナルジオグラフィック）の読み聞かせの取り組み

長年にわたって絵本教材『北極ライフ』（ナショナルジオグラフィック）の読み聞かせを行っている。写真３は出前授業を実施した際のものだが、『北極ライフ』の内容を映し出すことで、視覚からの情報も獲得することが出来るため、物語の世界に没入しやすくなり、遠い北極での出来事を自分のこととして考えることが可能になると思う。

写真３　パワポを使って『北極ライフ』の読み聞かせ

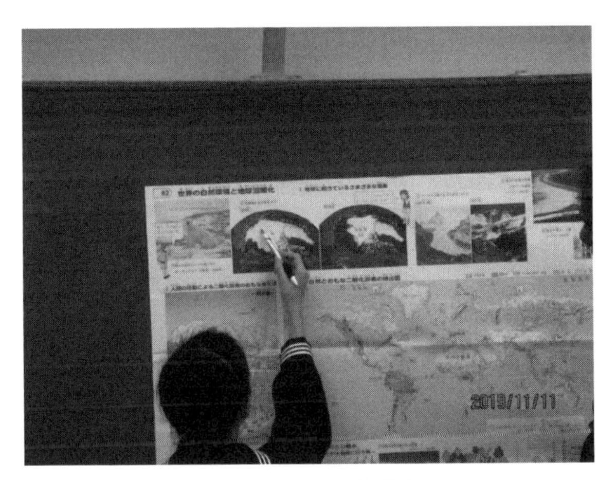

写真４　小さくなる北極海の氷

(3) 世界の自然環境と地球温暖化（地図帳の資料）

地球温暖化の影響が世界にどのような影響を及ぼしているか、地図帳の世界地図で考えさせている。まず、北極海の氷の変化に注目させる（写真４）。1979 年と 2008 年の北極海の氷の様子を比較させて、なぜ減ってしまったのか理由を考えさせる。児童は北極海全体で氷が減っていることに気が付く。

次に北極以外の国や地域で地球温暖化の影響を読み取らせる。スイスのヒマラヤ山脈の氷河の融解の写真から地球温暖化の影響を考える。次にツバルの写真に注目させ、島であるため国土が低く、高潮による被害があることを確認する。

地球温暖化の影響が世界の様々なところで発生していることを確認したのちに、地球温暖化の原因を学習する。発生のおもな原因が二酸化炭素であること、発生源は何かを地図帳の資料図から確認する。発生源は、自動車の排ガス、ごみ処理場の排ガス、工場の排ガス、都市の暖房などの排ガス、火力発電所の排ガス、森林の焼き払い、CO_2 吸収源の消滅があげられている。森林は CO_2 を吸収しているが焼き払ってしまうと吸収できなくなることを指導することにより、児童の深い理解へとつなげた。

次に、地球温暖化防止のために国や企業がどのような取り組みをしているか学習させた。地図帳の説明を読み、「温室効果ガスの排出が少ない自動車やバスの開発を行う」「石油や石炭は使わない発電を増やす、太陽光や風力など」「木を切った後には植林をする」「森林と共存ができるように畑や牧場をつくる」「国と国とで話し合いをする」ことを考えた。

これらの「地球温暖化防止について知」った上で、今年度は最新の地球環境問題に関する資料ニュース①、②から考え、発表する内容を盛り込んだ。

(4) スウェーデンの高校生・グレタさんの教材化の取り組み

最新の地球環境問題に関する資料としてニュース①として世界に影響を与えたグレタさんの取り組みについて扱った。学生は6分で発表し、児童はワークシートに記入し、発表してもらった（写真5）。

16歳の高校生であるグレタさんの取り組みを伝えることで、大人でなくても行動している人がいることに驚いている児童が多くいた。PowerPoint を真剣に見る児童が多かったことから写真などを取り入れ視覚的に情報が加わることで児童の心に響いたようだ。

> C：16才にして、世界の環境について考えているとはすごいと思った
> C：子どもなのに大勢の大人に対して1人で活動していることが、とてもかっこいいと思った。
> C：私も地球温暖化のためになにかしたくなりました。自分の意見をしっかり言えてすごいと思いました。

このように、グレタさんの年齢や自分たちと同じ子どもであるということに衝撃を受けている児童が多くいた。また、「私もともに頑張りたい」「私も協力したい」という感想から、自ら行動したいという当事者意識が育まれていることがわかった。また、環境問題の解決だけではなく、グレタさんの行動から生きる力強さを学習したことがわかった。

写真5　グレタさんの取り組みを発表する学生

(5) 中国・深圳の教材化の取り組み（学生の作成したプレゼンテーション②クイズ）

ニュース②としてパワーポイント（新聞）で中国・深圳（シェンチェン）の地球温暖化に配慮した自動車生産の取り組みや近代的な深圳の高層ビル群について学生は12分で発表し、児童はワークシートに記入し、発表してもらった。

急速に発展している中国ではどのような環境対策がされているのかを新聞記事と、深圳市に実際に行ってきた学生の話や写真から確認した。図1はクイズ①で深圳（セン）市では公共タクシーの何パーセントが電気自動車か問うている。正解は100%であるが児童の驚きが聞こえてきた。

図1　中国・深圳の電気自動車について学生が作成したクイズ

児童にとって中国とは汚い空気で溢れている環境に悪い場所というイメージがあったため、深圳市の電気自動車の稼働率や街並みに驚く児

童がほとんどであり、興味津々という様子であった。

> C：私は中国はきたないイメージがあったのでかんきょうが良くてびっくりしました。
> C：日本では少ない電気自動車のステーションが中国では日本より多く建設されていることにおどろきました。日本でも設置すればいいなぁと思いました。

このように日本の電気自動車の稼働率との比較によって、世界と自分の国を比較することで日本が遅れていることや、自らどうにかしなければならないという危機感を感じているようであった。

写真６　深圳の高層化の様子の地理資料

写真７　中国・深圳の取り組みを発表する学生

５．おわりに―ESD・SDGs の視点に立った自動車産業学習―

ESD 授業を進めていく中で、2018 年は連携協力校の東京都杉並区立久我山小学校第６学年社会科で、地球温暖化の原因になる石炭などへの投資をやめる「ダイベストメント（投資撤退）」について扱った。英豪資源大手のリオ・ティントが環境対応を加速し、中核の鉄鉱石事業でも採掘時の温暖化ガスを減らし環境などへの配慮を重視する ESG 投資（環境・社会・ガバナンス）に配慮しているという新聞記事を扱った（田部 2018）。難しい内容であったが、地球や地域に良くない事業からお金を移し、社会や世界を変えようという運動に対して児童の理解を得られた。最新の社会的事象に目を向け判断できるような授業をこれからも考えていきたいと考えている。

2020 年前期、大学は新型コロナウイルス（COVID-19：Coronavirus Disease 2019）の感染予防のため対面授業は中止を余儀なくされ、オンライン学習が始まった。これまでオンラインを活用した実践報告はほとんどなく、戸惑いながら試行錯誤している。

そのような中で、グローバル化に逆風が吹いている。米ジョンズ・ホプキンス大教授のヘンリー・ファレル氏は、「グローバル化の絶頂には戻らない。トランプ米大統領の登場と米中対立の先鋭化という２つの衝撃がグローバル化を揺さぶり、新型コロナがダメ押しした」「国家と国際政治の重みが増した。グローバル化が進み、市場が国家を支配下に置いて制御するともいわれたが、逆になった。グローバル化は修正の過程にあり、現時点で米国は主導権を発揮する位置にない」と指摘する（日本経済新聞 2020 年９月８日）。

このコロナ渦のなかで、米中両大国は危機に連携するどころか、対立を深めてしまった。米国のコロナによる死者は 18 万人を超え、その隙を突き、中国は香港の言論を封じ、南シナ海で実効支配を強めた。米英は次世代通信規格「5G」から中国の通信機器最大手、華為技術（ファーウェイ）の排除を決めた。ドイツ銀行の試算によると、米中を中心にデジタル分断の代償は供給網の見直しなど今後５年で約 370 兆円に上る（日本経済新聞 2020 年９月７日）。経済財政・再生相などを歴任した自民党税制調査会会長の甘利明氏はコロナ禍を抜けた後は米中の差がかなり縮まるとし、「政策への国民の納得を得るためにも、社会を統治する仕組みに国民が主体的に関われる仕組みが大事になる」とする。

米中の覇権争いが続くなかで日本にとって必要なのは何か。主体的に関われる仕組みを実感的に学ぶことこそこれからの社会科教育に求められることであると思う。

社会科教育の今後にとって、世界に目を向ける「持続可能な開発目標（SDGs: Sustainable Development Goals）」に注目していきたい。SDGs は地球環境に関する世界的な取り組みとして、2015 年 9 月にニューヨークの国連本部で示された。SDGs には 2030 年までの 15 年間に達成する 17 の目標（Goal）、169 のターゲットが示され、世界共通の長期目標として、平均気温上昇を 1.5 度未満に抑える努力の追求が定められ、地球を守るためにすべての国が取り組みを進め、後退することなく対策を強化し続ける枠組みである（浅野 2020）。このような国際的な枠組みと、連携、協力していくことが日本の使命であると考える。

◆ 文献 ◆

浅野由子（2020）：スウェーデンにおける幼児期の SDGs 実践．日本家政学会誌，71（6），pp. 1-5.

田部俊充（2018）：日本の公害・自然災害　新・小学校社会科における ESG 投資の授業の提案．社会科教育，7 月号，pp. 20-21.

田部俊充（2019）：世界地図紀行 8「世界の金融センター」香港と「紅いシリコンバレー」深圳．地図情報（一般財団法人地図情報センター），38（4），pp. 34-37.

データブック入門編集委員会（2019）：『データが読めると世界はこんなにおもしろい：データブック オブ・ザ・ワールド入門』、二宮書店、199p.

（田部　俊充）

本書を読み終えた皆さんへのメッセージ―チャレンジ！社会科授業

本書を読み終えた皆さん、授業はうまくいきましたか。さあ、本書で学んだり、振り返ったことをもとにして、教育実習、そして実際の教育現場での授業実践に果敢に挑戦してみて下さい。チャレンジ！そしてまた、チャレンジ！です。

辛くなったら、一緒にグループ活動をして汗を流した仲間の顔を思い浮かべてみて下さい。きっとまたチャレンジする勇気がわいてくることでしょう。チャレンジ！社会科授業。応援しています。

反省の弁です。10年振りに改訂を試みましたが、今回もいろいろ忙しい中を縫って作成したので、日程的には厳しかったです。意欲的に取り組んだつもりですが、自分自身の限界をまたまた知ることにもなりました。是非、若い皆さんには問題提起として受け止めて、発展させて下さい。

私はこの約10年、バンド活動のボーカルにチャレンジしましたが、2020年1月に歌った大好きなサイモン＆ガーファンクルの『明日に架ける橋』の冒頭の一節が心に残っています。コロナ渦のなかでも何かあったら思い浮かべていました。

ひどく疲れ　自分が小さくなってしまったと感じるとき　そんな時でも
あなたが目に一杯涙を貯めているときには
私があなたの涙を全部乾かしてあげよう　私はあなたの味方だ

『明日に架ける橋』、とっても良い歌です。是非3番まで聴いてみてくださいね。

なお、本書の表紙のコンセプトは、人・集団・都市（街）・ネットワークです。デザイナーの松田静心さんが考えて下さいました。写真の色の違いは人と社会の多様性を表現しています。

最後に、執筆をしていただいた先生方、協力してくれた日本女子大学の学生の方々にお礼申し上げたいと思います。そして、日本女子大学教育学科の卒業生である風間敬子社長にも心より感謝をしたいです。本書を読んで下さった皆さんの今後の活躍を心より願っています。夢をかなえて下さいね。

編著者
田部俊充（日本女子大学教授）
著者
池俊介（早稲田大学教授）
桑原正孝（日本女子大学附属豊明小学校教諭）
小山茂喜（信州大学教授）
齋藤慶子（日本女子大学准教授）
田尻信壹（目白大学教授）
鎮西真裕美（神奈川県秦野市立東小学校教諭）
吉田和義（創価大学教授）

大学生のための初等社会科概論

2021年3月31日　初版第1刷発行

編著者　田部俊充
発行者　風間敬子
発行所　株式会社　風間書房
〒101-0051　東京都千代田区神田神保町1-34
電話 03（3291）5729　FAX 03（3291）5757
振替 00110-5-1853
装丁　松田静心
印刷　堀江制作・平河工業社　製本　井上製本所

NDC分類：375.3
ISBN978-4-7599-2374-2　Printed in Japan